Isabelle de KERVILER
Illustré par Étienne APPERT

Dessine-moi LA COMPTA

NOUVELLE ÉDITION ENRICHIE

DUNOD

Suivi éditorial : Delphine Levêque, Ludivine Le Gall
Fabrication : Martine Pierron
Illustrations : Étienne Appert
Maquette : Yves Tremblay
Mise en pages : Nord Compo
Couverture : Isabelle de Kerviler, Étienne Appert
et Studio Dunod

11, rue Paul Bert 92240 Malakoff
www.dunod.com
ISBN 978-2-10-085642-8

Dessine-moi la compta *est l'aboutissement d'une vie passée dans le monde des chiffres. J'espère qu'il vous permettra de gagner en assurance et en performance, dans votre vie quotidienne et professionnelle.*

Remerciements

- Je tiens tout d'abord à remercier Jean Fourastié et Robert Mazars, croisés sur ma route alors que j'étais très jeune. Ils m'ont insufflé leur passion pour la comptabilité, passion que je partage aujourd'hui avec vous.

  Je remercie également toute ma famille – en particulier mon mari et mon frère – de m'avoir accompagnée dans ce projet original : rédiger un roman graphique pour dévoiler **« le dessous des comptes »** !

- *« La comptabilité est devenue l'outil le plus important pour la gestion des entreprises. C'est la comptabilité qui établit la constatation terminale : **l'entreprise gagne-t-elle ou perd-elle de l'argent ?** »*

  Jean Fourastié

Sommaire

Partie 2. SYNTHÈSE

LE LANGAGE COMPTABLE

La comptabilité utilise une langue que vous allez apprendre progressivement. Pour bien l'assimiler, montez une à une les marches des trois premiers chapitres. Dans le langage comptable :

- les chiffres remplacent les lettres ;

Partie 1

- les comptes remplacent les mots (chapitre 1) ;
- les deux règles de fonctionnement des comptes remplacent les règles de grammaire (chapitres 2 et 3).

Seule **une bonne maîtrise de ces fondamentaux** vous permettra de vraiment comprendre le Bilan et le Compte de Résultat.

Partie 2

Le Bilan et le Compte de Résultat sont écrits à l'aide des comptes (chapitre 4). Enfin, la codification des comptes remplace la ponctuation (chapitre 5).

LA COMPTABILITÉ : UN LANGAGE SIMPLE, BASÉ SUR LE CASH

1. Mon objectif

Mon objectif est non seulement de faire comprendre la comptabilité, mais aussi de **la faire aimer !**

Napoléon disait : « **un bon dessin vaut mieux qu'un long discours** ». Cet ouvrage comporte donc de nombreuses illustrations pour aider à visualiser des concepts qui peuvent paraître compliqués.

2. D'où vient l'argent ? Et où va l'argent ?

Telles sont les deux questions essentielles auxquelles répond la comptabilité. Elle s'est construite autour d'un compte pivot : le compte de trésorerie. C'est à partir de ce dernier que tous les autres comptes ont été créés.

En comptabilité : LA CLÉ, C'EST LE CASH… Et gérer son cash est l'affaire de tous.

3. Quelle méthode ?

La méthode proposée ne demande pas de compétence particulière. Elle s'appuie sur des exemples tirés de la vie quotidienne, qui sont ensuite transposés dans une entreprise.

Deux personnages se donnent la réplique : Estelle, expert-comptable chevronnée, et son fils, Louis. Au fil des chapitres, Louis grandit et les explications de sa mère se précisent et se complètent.

Louis à 12 ans   Louis à 16 ans   Louis à 18 ans   Louis à la fac

« **Du porte-monnaie de Louis au bilan d'une entreprise** » : voilà le cheminement qui permet de passer du « patrimoine » de Louis à celui d'une entreprise.

Louis reçoit une grosse somme pour son anniversaire, de l'argent de poche et de l'argent pour s'acheter des vêtements. Il souhaite compter tout cet argent pour se souvenir d'où il vient et à quoi il a été utilisé.

Pour y parvenir, Estelle va lui expliquer le fonctionnement des comptes (partie 1) et la place de ces comptes dans le Bilan (partie 2). Pour bien comprendre le Bilan, il faut **d'abord maîtriser les fondamentaux** de la comptabilité : ne lisez donc pas trop vite la première partie ! Même si l'exemple de l'argent de Louis peut vous sembler très simple, il permet d'illustrer – de façon limpide – le langage comptable.

Dernier choix pour simplifier la lecture : seuls les mots « gauche » et « droite » sont mentionnés dans les cinq premiers chapitres. Les mots « débit » et « crédit » n'apparaissent qu'au dernier chapitre.

4. Pour qui ? Pour quoi ?

Bien qu'il traite d'un sujet considéré comme technique, *Dessine-moi la compta* est **un livre grand public**. Particulier, étudiant, professionnel, élu, acteur du monde associatif : vous y trouverez tous un intérêt.

Cet ouvrage est source de réponse aux questions que vous vous posez, aussi bien sur vos finances personnelles que sur le bilan de votre entreprise.

Enfin, *Dessine-moi la compta* ne remplace ni un cours de comptabilité « classique », ni un expert-comptable, mais il vous permettra de **comprendre ceux qui parlent « chiffres »**. Vous gagnerez ainsi en autonomie et, à terme, en efficacité.

■ ■ ■

Bienvenue au pays de la comptabilité facile et démystifiée ! Il ne vous reste plus qu'à jouer le jeu et dessiner des comptes. Suivez le raisonnement **très progressif** proposé par Estelle et Louis, et laissez-vous guider…

Partie 1

FONDAMENTAUX

Caisse
01/01
100
15
03/01

Chapitre 1 D'OÙ VIENT L'ARGENT ? ET OÙ VA L'ARGENT ?

Louis à 12 ans

Louis est un jeune garçon de 12 ans. Le 1er janvier, jour de son anniversaire, il reçoit 100 euros. Dorénavant, il recevra également 5 euros d'argent de poche chaque semaine pour acheter des bonbons et aller au cinéma avec ses amis.

Estelle, sa mère, lui annonce qu'elle lui donnera aussi 50 euros mais, en contrepartie, il devra acheter ses vêtements et ses livres. Louis est perplexe : il ne sait pas gérer seul autant d'argent… Heureusement, Estelle est expert-comptable !

1.1 Compte Caisse

Louis demande à Estelle comment il doit s'y prendre pour gérer l'argent de son porte-monnaie. Elle lui propose de prendre une feuille de papier.

Louis inscrit donc sur sa feuille :

Colonne de gauche	Colonne de droite
Argent reçu	Argent dépensé

Estelle précise que ce n'est pas la peine d'indiquer « colonne de gauche » et « colonne de droite » ; il suffit de regarder la feuille. De plus, elle lui suggère de remplacer les mots « argent reçu » par « **entrées d'argent** » et les mots « argent dépensé » par « **sorties d'argent** ».

Entrées d'argent	Sorties d'argent

1re étape

Louis commence par les 100 euros reçus pour son anniversaire.

Il reprend la feuille qu'il a déjà divisée en deux colonnes, puis inscrit les 100 euros reçus du côté gauche, comme Estelle vient de le lui expliquer.

Entrées d'argent	Sorties d'argent
Reçu le 1er janvier : 100 €	Rien encore pour cette année (qui commence), donc 0 €

— Pour te souvenir que les entrées d'argent sont à gauche, c'est-à-dire inscrites dans la colonne de gauche, précise Estelle, tu peux t'appuyer sur l'expression courante : « **mettre de l'argent à gauche** ».

— Bonne idée, répond Louis heureux de cette astuce. Et aussi, j'écris de gauche à droite : c'est facile pour s'en souvenir !

2e étape

- Le 3 janvier, Louis achète une boîte de chocolats pour Estelle à 15 euros.
- Le 10 janvier, il reçoit 50 euros pour s'acheter un jean et des chaussettes.
- Le 30 janvier, il va au cinéma et paie 5 euros son billet d'entrée.
- En janvier, il a également reçu quatre fois 5 euros d'argent de poche.

Fin janvier, Louis fait le **point** de ses **entrées** et de ses **sorties** d'argent du mois.

Entrées d'argent	Sorties d'argent
Reçu le 1er janvier : 100 €	Payé le 30 janvier : Cinéma : 5 €
Reçu le 10 janvier : 50 €	Payé le 3 janvier : Chocolats : 15 €
Argent de poche : 20 € [4 fois 5 €]	
Total : 170 €	Total : 20 €

Estelle le félicite d'avoir bien inscrit les entrées d'argent à gauche et les sorties d'argent à droite. Elle lui demande toutefois :

> Pourquoi ne pas avoir mis tes entrées et tes sorties d'argent dans l'**ordre chronologique** ?

Louis réfléchit. Ce serait en effet plus logique de retenir l'ordre chronologique ! Le problème, c'est qu'il faut alors éclater son argent de poche du mois en quatre fois 5 euros et mettre l'achat des chocolats en premier dans ses dépenses.

3e étape

Louis reprend sa feuille et fait un tableau plus complet.

Sa mère lui conseille de mettre les dates de chaque côté de la feuille et d'intituler ces deux nouvelles colonnes « **dates** ». Elle lui confirme qu'il faut bien diviser les 20 euros en quatre entrées, car ils ont été perçus à quatre dates différentes. Il y a donc 8 opérations à inscrire dans le tableau. Une opération est un événement qui entraîne une entrée ou une sortie d'argent ; on dit aussi une entrée ou une sorte de « cash ».

Dates	Entrées d'argent	Dates	Sorties d'argent
01/01 Argent reçu pour mon anniversaire	100 €	03/01 Achat des chocolats pour Maman	15 €
07/01 Argent de poche	5 €	30/01 Achat d'un billet de cinéma	5 €
10/01 Argent reçu pour m'acheter un jean et des chaussettes	50 €		
14/01 Argent de poche	5 €		
21/01 Argent de poche	5 €		
28/01 Argent de poche	5 €		

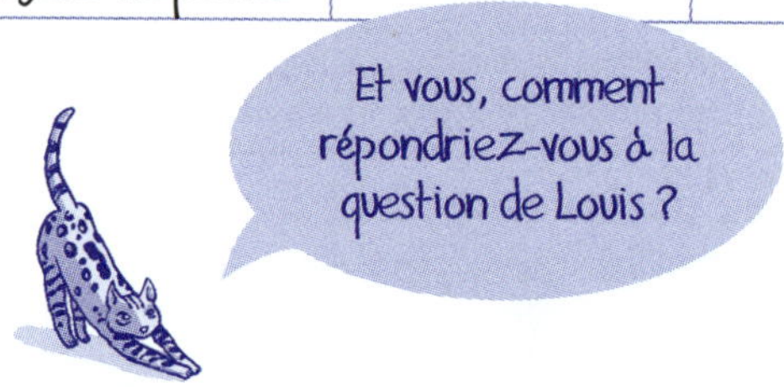

Pour alléger le tableau, Estelle donne à Louis quatre conseils.

1. Mettre un titre en haut du tableau. Ce tableau retrace les entrées et les sorties d'argent. Il est donc logique de retenir comme titre « **argent** ».
2. Puisque le tableau s'intitule « argent », inscrire seulement le mot « **entrées** » et non « entrées d'argent » pour la colonne de gauche où sont inscrites les entrées d'argent ; de même, inscrire seulement le mot « sorties » et non les mots « sorties d'argent » pour la colonne de droite où sont inscrites les sorties d'argent.
3. Mettre les dates : devant le mot « entrées » et derrière le mot « sorties ». En effet, cela permet d'avoir les entrées et les sorties d'argent côte à côte.
4. Ne pas mettre le symbole « € » après les sommes.

Argent			
Dates	Entrées	Sorties	Dates
01/01	100	15	03/01
07/01	5	5	30/01
10/01	50		
14/01	5		
21/01	5		
28/01	5		

4e étape

Estelle explique à Louis.

— Un tableau avec **une colonne pour les entrées et une colonne pour les sorties** s'appelle un **compte**. Ce tableau avec deux colonnes ressemble à la lettre **T**, c'est pour cela qu'on emploie l'expression « **compte en T** ».

— Enfin, le compte que tu connais (le seul que tu connaisses pour l'instant) retrace les mouvements de ton argent : on l'appelle le compte « **Caisse** ».

— Ah, « caisse » comme au supermarché, dit Louis. Et, dans le compte Caisse, j'en*caisse* et je dé*caisse* mon argent : logique !

1.2 Règle de la partie double

— Tu constates donc toi-même qu'il est important d'expliquer l'**origine** de tes entrées d'argent et l'**utilisation** que tu en fais, dit Estelle. Pour te souvenir d'où vient ton argent et ce à quoi il a servi, il y a une règle de base en comptabilité. Elle s'appelle :

— Bravo Louis pour ce rapprochement : double, donc deux !

— Mais double de quoi ? demande Louis.

— La règle de la partie double veut dire que toute opération doit être inscrite **deux** fois dans les comptes.

— Euh… c'est-à-dire ?

— C'est très simple, répond Estelle.

— Très simple quand on est expert-comptable…

— Je vais t'expliquer. Prends les 100 euros de ton anniversaire que tu as reçus le 1er janvier. Si tu veux respecter la règle de la partie double, tu dois écrire deux fois le montant de 100 euros dans les comptes.

— Ah oui. Je n'ai reçu que 100 euros pour mon anniversaire, pas 200 euros. Donc… je ne dois **pas inscrire deux fois les 100 euros dans le même compte** !

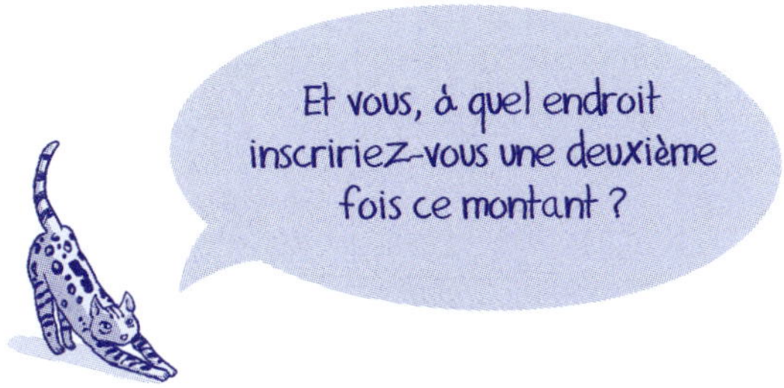

1.3 Compte explicatif

— Effectivement, tu ne dois pas mentionner l'encaissement de cet argent deux fois dans le même compte, répond Estelle. Il faut bien inscrire 100 euros le 1er janvier dans le compte Caisse, mais c'est **dans un autre compte** qu'il faut noter une seconde fois le montant de 100 euros. Ce compte, qui **explique** ton entrée d'argent de 100 euros, s'appelle le **compte explicatif.**

— Un compte explicatif ? demande Louis qui ne comprend pas très bien. J'ai donc deux comptes ? **Un compte avec de l'argent et un compte avec l'explication.**

— Oui, pour l'instant tu n'as que deux comptes…

— Ça se complique… marmonne Louis.

Pour clarifier ses explications, Estelle dessine deux comptes, c'est-à-dire deux fois la lettre **T** : un « T » pour la caisse et un « T » pour le compte explicatif.

Louis se pose alors une question clé :

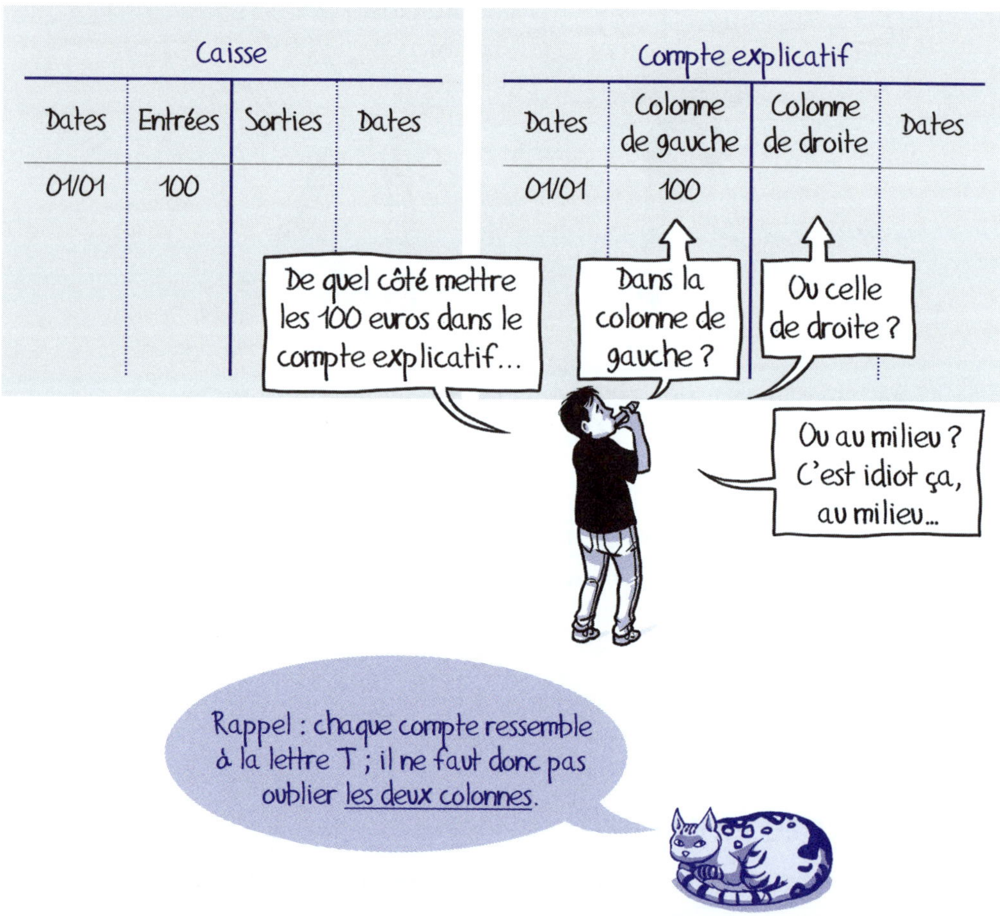

— Il faut revenir à la première règle à appliquer pour suivre les opérations dans les comptes, reprend Estelle. Ne t'inquiète pas, il y a seulement deux règles à connaître pour y arriver.

— Ah, bonne nouvelle. Seulement deux règles ! s'exclame Louis.

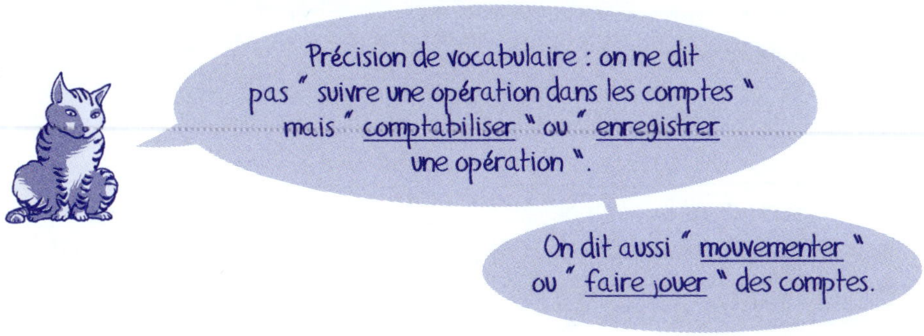

— La première règle à connaître pour **enregistrer** une opération est la règle de la partie double, répète Estelle. Elle impose que l'on inscrive **deux** fois le montant de l'opération et **dans des comptes différents**.

— D'accord, ça je le sais ! Impossible de mettre deux fois les 100 euros de mon anniversaire dans le compte Caisse.

— Et je complète : toute opération est enregistrée deux fois, dans des comptes différents, et en **sens inverse**.

— En sens inverse ? L'inverse de quoi ?

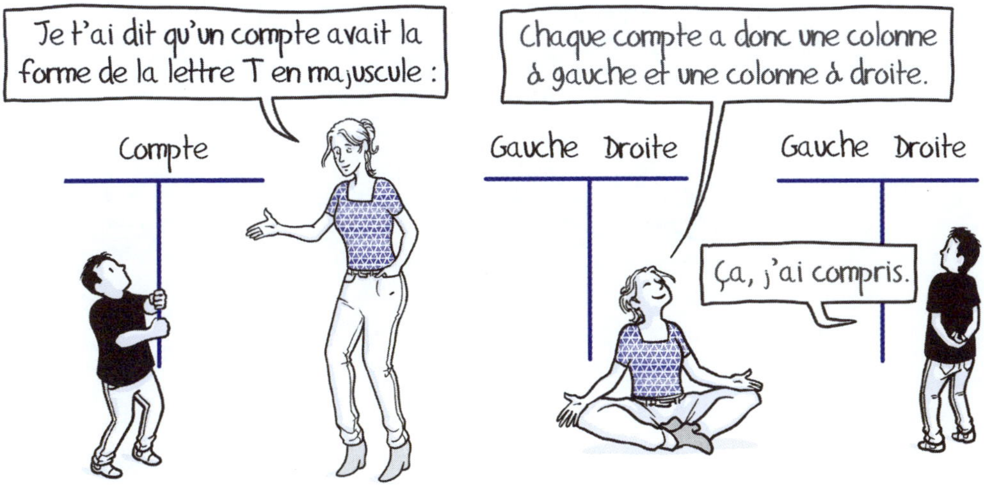

— Et chaque compte a une colonne pour les entrées, la colonne opposée étant celle des sorties, ajoute Estelle.

1.4 Entrées d'argent

— Louis, écoute bien mon explication, reprend Estelle. Enregistrer une opération en **sens inverse** veut dire que :

— Bravo Louis ! Tu as tout compris, affirme Estelle. Et dans le compte explicatif **ainsi créé**, le reflet prend place **dans la colonne des entrées**.

Repars du compte Caisse que tu connais bien, dit Estelle. Mets une flèche qui descend à gauche pour montrer clairement où sont les entrées dans ce compte.

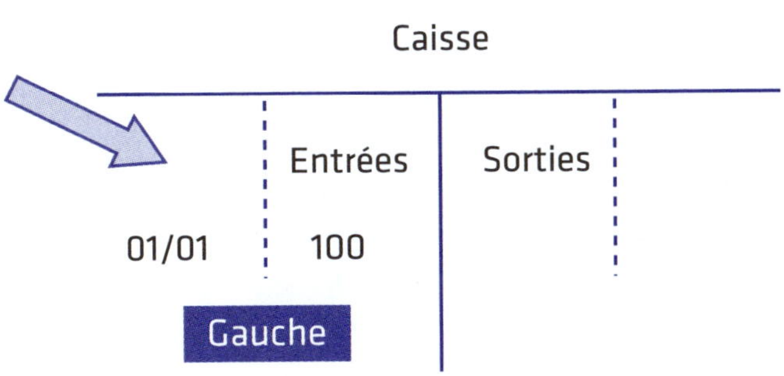

Et, pour simplifier, nous dirons une entrée « à gauche » plutôt qu'une entrée « dans la colonne de gauche », précise Estelle.

— Maintenant, applique la règle de la partie double.

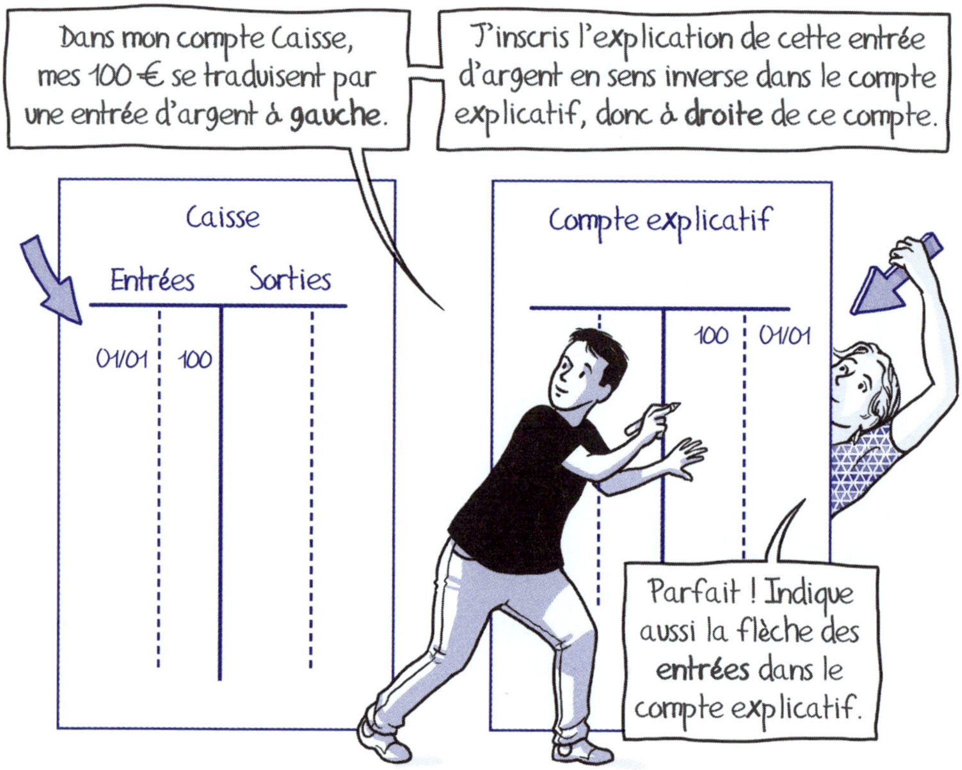

— Parfait ! Retiens bien que la flèche des **entrées** est à **droite** de ce compte explicatif.

1.5 Nom du compte explicatif

— Louis, revenons à tes mouvements d'argent du mois de janvier. On va aller plus loin dans les comptes explicatifs, qui joueront avec le compte Caisse pour expliquer tes entrées et tes sorties d'argent. Tout d'abord, une précision de vocabulaire : les entrées d'argent s'appellent des « **recettes** ».

— Il y a beaucoup de nouveaux mots… Recette, compte Caisse, compte explicatif…

— Eh oui !

— D'accord, soupire Louis, les rentrées d'argent sont donc appelées « **recettes** ». Rentrées, recettes : les deux mots commencent par « r », c'est facile de s'en souvenir.

— Pour les sorties d'argent, le nom est plus facile, dit Estelle. On les appelle les « **dépenses** », OK ?

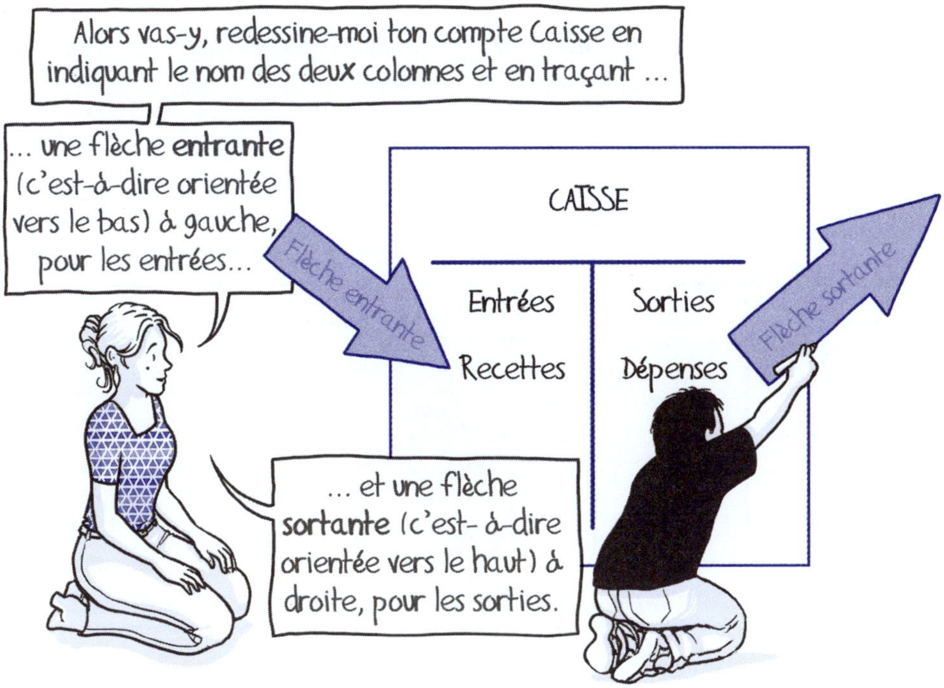

— Reprends ton entrée de 100 euros du 1er janvier dans le compte Caisse et le compte explicatif, indique Estelle. N'oublie pas la flèche des entrées à droite dans le compte explicatif.

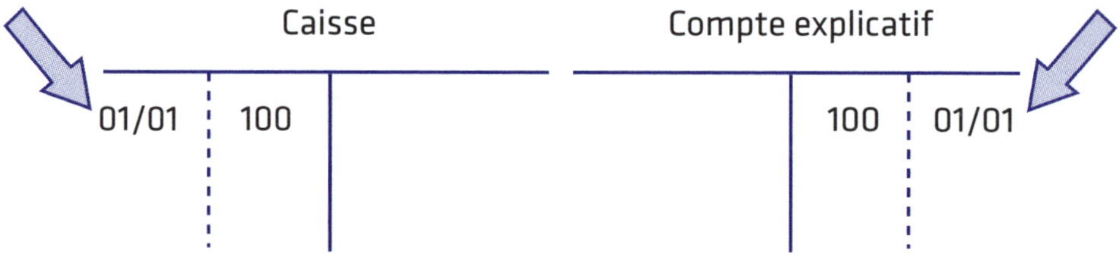

— Le nom du compte explicatif ne s'invente pas : il faut relire l'opération que tu dois enregistrer. Ici, il s'agit de l'encaissement de ton cadeau d'anniversaire. Le compte que tu as créé pour expliquer **l'origine** de ta recette de 100 euros s'appelle donc « **Cadeau Anniversaire** ». Tu peux mettre ce nom à la place des mots « compte explicatif ».

1.6 Sorties d'argent

— Continuons maintenant avec ta sortie d'argent liée à l'achat des chocolats le 3 janvier, reprend Estelle. Où mettre les 15 euros dans le compte explicatif : à gauche ou à droite ?

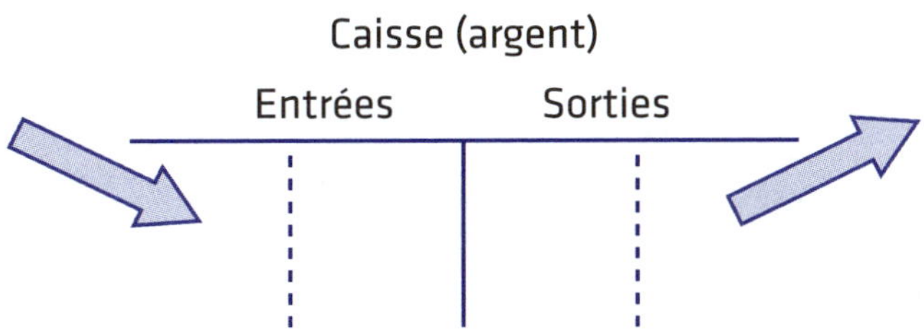

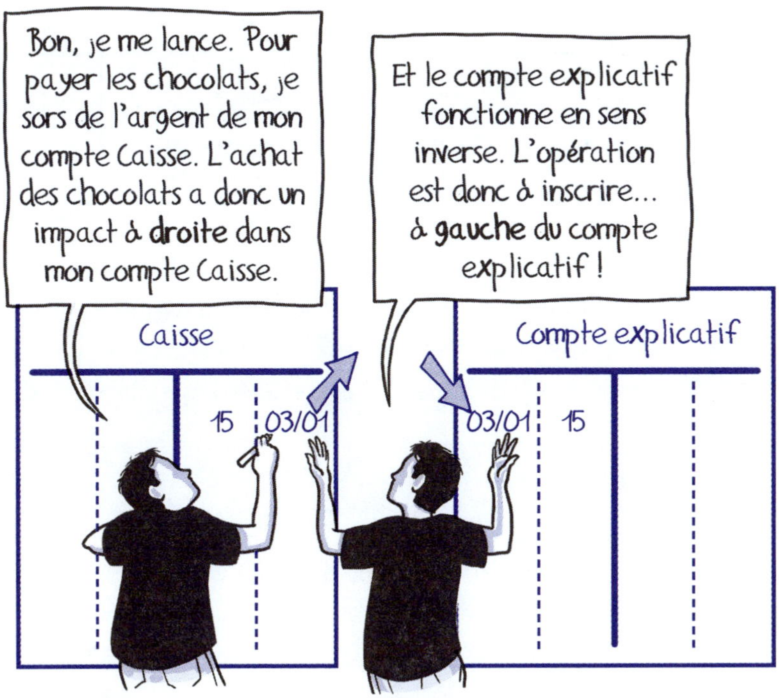

— Bravo ! On fera de toi un expert-comptable !

Louis reste dubitatif. Même si les comptes ont une forme de T, on est quand même loin de la littérature qu'il apprécie davantage…

— Louis, poursuit Estelle, montre-moi les deux comptes qui enregistrent ton opération d'achat de chocolats, en indiquant les flèches dans le bon sens. Rappelle-toi que le reflet prend place dans **la colonne des entrées du compte explicatif que tu viens de créer**.

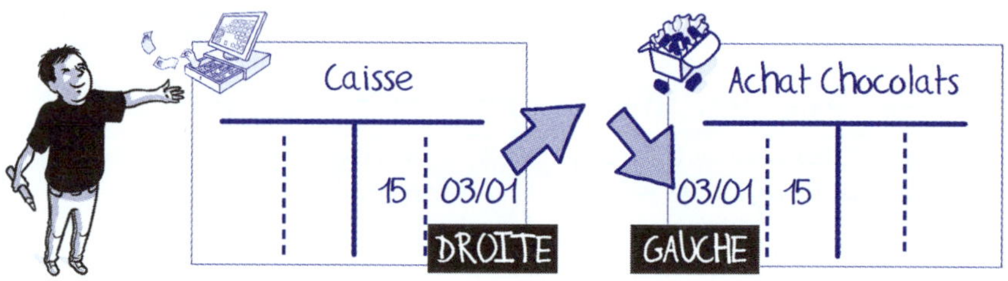

Résumons maintenant la règle de la partie double, appliquée aux deux opérations que nous venons de voir.

- Toute entrée de caisse (= « recettes ») est reflétée à droite dans un compte explicatif.
- Toute sortie de caisse (= « dépenses ») est reflétée à gauche dans un compte explicatif.

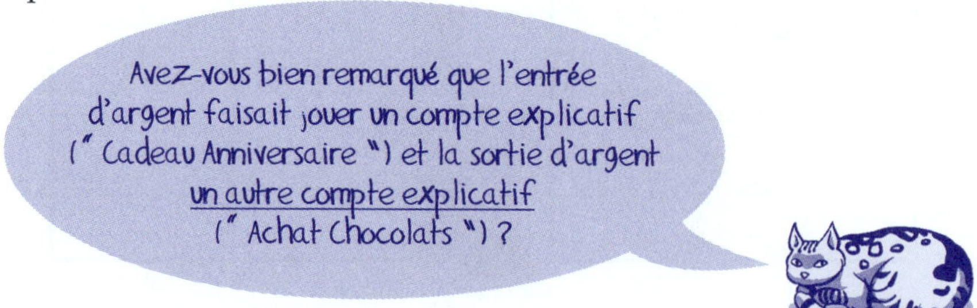

1.7 Solde d'un compte

— Louis, je vais maintenant t'expliquer comment on calcule des soldes en comptabilité.

— Les soldes ? Comme dans les magasins ?

— Mais non Louis, répond Estelle en riant. Ça n'a rien à voir. **Le solde d'un compte, à un instant donné, c'est la différence entre ses entrées et ses sorties.** Reprends, par exemple, ton compte Caisse au 31 janvier.

En comptabilité, pour chaque compte, tu calcules un solde à une date donnée. On aurait pu appeler cette différence entre les entrées et les sorties un « reste »… Mais non, on l'a appelée un « **solde** ». Revenons à ton compte Caisse **au** 31 janvier.

Additionne toutes tes entrées et toutes tes sorties d'argent du mois de janvier, puis inscris le total des entrées et le total des sorties en bas du compte.

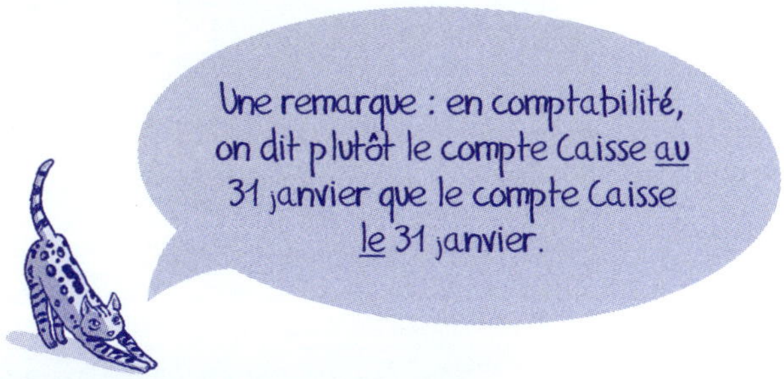

Louis note :

Caisse			
Dates	Entrées	Sorties	Dates
01/01	100	15	03/01
07/01	+ 5	+ 5	30/01
10/01	+ 50		
14/01	+ 5		
21/01	+ 5		
28/01	+ 5		
Total	170	20	

— Combien te reste-t-il au 31 janvier si le total de tes entrées d'argent s'élève à 170 euros et le total de tes sorties d'argent à 20 euros ? demande Estelle.

— Il me reste 170 – 20, donc 150 euros, répond Louis.

— Attention Louis. En comptabilité, on ne dit pas qu'il **te reste** 150 euros au 31 janvier mais que **ton solde s'élève** à 150 euros au 31 janvier.

Caisse			
Dates	Entrées	Sorties	Dates
01/01	100	15	03/01
07/01	+ 5	+ 5	30/01
10/01	+ 50		
14/01	+ 5		
21/01	+ 5		
28/01	+ 5		
Total	170	20	

—Tu inscris le solde dans le compte lui-même, **dans la colonne qui a le total le plus petit**. Et la colonne qui a le total le plus petit est celle des **sorties**, car tu ne peux pas sortir plus d'argent que tu n'en as rentré.

— Logique la compta : je ne peux pas sortir plus d'argent que je n'en ai rentré.

Louis mentionne le solde dans la colonne de droite qui enregistre 20 en sorties (contre 170 pour la colonne de gauche en entrées) : elle contient bien le total le plus petit.

— Comme le solde de ton compte Caisse (150) est égal à la différence entre les entrées et les sorties, après avoir fait figurer ce solde de 150 dans la colonne des sorties, tu auras donc une **égalité** entre les deux colonnes du compte Caisse.

Caisse			
Dates	Entrées	Sorties	Dates
01/01	100	15	03/01
07/01	+ 5	+ 5	30/01
10/01	+ 50		
14/01	+ 5		
21/01	+ 5		
28/01	+ 5		Total
Total	170	= 20	
		150	Solde au 31/01

— Dernières remarques sur les soldes, dit Estelle. Quand on calcule le solde d'un compte, on dit qu'on l'**arrête**. Et quand le solde d'un compte est **égal à zéro**, on dit que le compte « **est soldé** ».

— Donc, dit Louis, si j'avais dépensé 170 euros en janvier, mon compte Caisse aurait été soldé au 31 janvier. Je n'aurais plus rien eu dans mon porte-monnaie.

— Exactement ! Eh bien, Louis, nous allons finir ce premier chapitre en révisant le sens de fonctionnement du compte Caisse et celui des comptes explicatifs !

— Quand tu parles de « sens de fonctionnement » d'un compte, reprend Louis, tu vises bien **la colonne où l'on inscrit les entrées** dans ce compte ?

— Tout à fait, acquiesce Estelle. Un compte fonctionne **soit avec les entrées à gauche** (sens de fonctionnement : entrées à gauche, donc sorties à droite), **soit avec les entrées à droite** (sens de fonctionnement : entrées à droite, donc sorties à gauche).

Le compte Caisse a les entrées à gauche – mettre de l'argent à gauche, songe Louis –, comme le compte « Achat Chocolats ». Et le compte « Cadeau d'anniversaire » a les entrées à droite. Donc les entrées dans un compte sont effectivement soit à gauche, soit à droite !

Conclusion

- Le compte Caisse fonctionne avec les entrées à gauche et les sorties à droite.
- La **règle de la partie double** s'énonce ainsi : toute opération est enregistrée **deux** fois (dans des comptes différents) et en sens **inverse** (c'est-à-dire une fois à gauche et une fois à droite).
- Les comptes qui expliquent les entrées et les sorties de cash s'appellent les **comptes explicatifs.**
- On **déduit** le sens de fonctionnement des comptes explicatifs en partant du sens de fonctionnement du compte Caisse et en respectant la règle de la partie double.
- Toute *recette*, qui s'inscrit à **gauche** du compte Caisse, est donc reflétée à **droite** dans un compte explicatif ; toute *dépense*, qui s'inscrit à **droite** du compte Caisse, est donc reflétée à **gauche** dans un compte explicatif.
- En comptabilité, le compte Caisse est le **compte pivot**. Tous les autres comptes fonctionnent par rapport au compte Caisse : ils en sont le reflet.

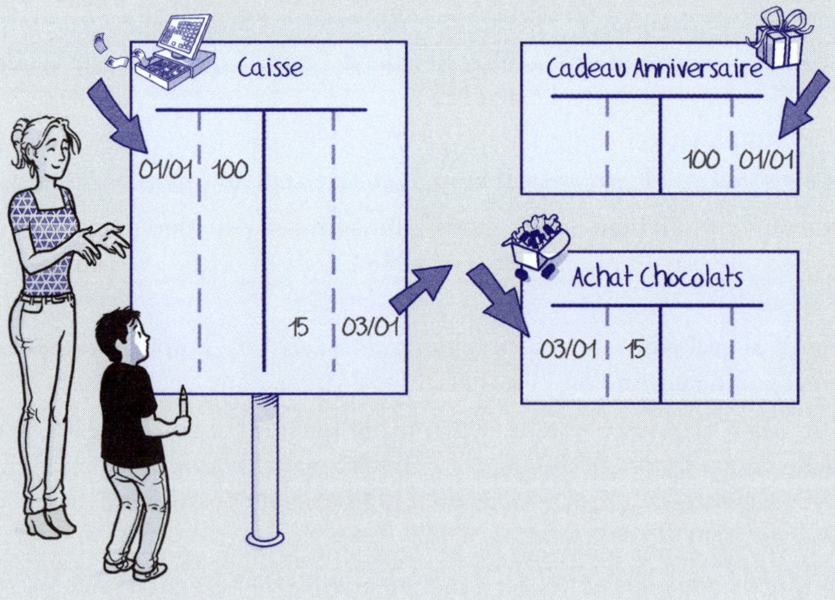

Remarque d'Estelle : Les mots « comptes explicatifs » font partie de mon vocabulaire ; ils ont le mérite d'être simples à comprendre.

Trésorerie
Produits
Charges

Chapitre 2

LES COMPTES DE GESTION (CHARGES/PRODUITS)

Louis à 16 ans

Quatre ans plus tard, Louis est maintenant un jeune homme de 16 ans. Ayant intégré les premières bases de la compta à 12 ans, il voudrait aller un peu plus loin avec l'aide de sa mère, Estelle.

2.1 Rappel : règle de la partie double

— Je te rafraîchis la mémoire, alors. Nous avions décortiqué la première règle de fonctionnement des comptes.

— La règle des deux fois ! dit Louis.

— C'est presque ça... reprend gentiment Estelle. C'est la **règle de la partie double**. En comptabilité, toute opération est enregistrée deux fois (dans des comptes différents) et en sens inverse : une fois à **gauche**, une fois à **droite**.

Louis, qui se souvient des explications données par sa mère à l'époque de ses 12 ans, énonce fièrement :

— Dans le compte Caisse, les entrées sont dans la colonne de gauche et les sorties sont dans la colonne de droite. Mais au fait, pourquoi dans ce sens ?

— Bonne question ! répond Estelle. **Par convention**, on a décidé que les entrées d'argent (les « recettes ») seraient inscrites à gauche et les sorties d'argent (les « dépenses ») seraient inscrites à droite dans le compte Caisse. On aurait très bien pu faire l'inverse et mentionner les entrées d'argent à droite et les sorties d'argent à gauche. L'essentiel était d'avoir une colonne pour les entrées d'argent et la colonne opposée pour les sorties d'argent. On va reprendre le fonctionnement des comptes explicatifs et je reviendrai sur cette convention à la fin du chapitre.

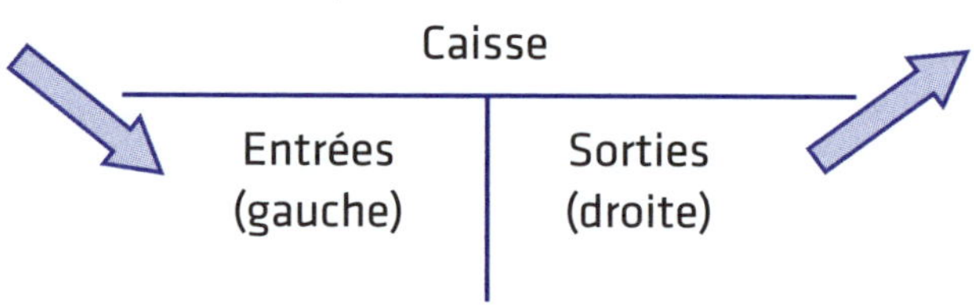

Louis se remémore l'année de ses 12 ans : les 100 euros reçus le 1er janvier pour son anniversaire et les chocolats achetés 15 euros… L'argent de son anniversaire était une entrée de 100 euros à **gauche** du compte Caisse ; donc, dans le compte explicatif « Cadeau Anniversaire », il avait noté 100 euros à **droite**. Inversement, pour acheter les chocolats, il avait dû utiliser 15 euros de son compte Caisse. Or, cette sortie d'argent était inscrite à **droite** dans le compte Caisse ; donc, dans le compte explicatif « Achat Chocolats », il avait noté les 15 euros **à gauche**.

— Résumons, dit Estelle, en remplaçant les 100 euros de ton anniversaire par un carré □ et les 15 euros des chocolats par une croix ✲.

— Pourquoi ? demande Louis.

— Pour éviter d'inscrire un montant pour ces opérations et me permettre ainsi d'élargir le raisonnement. De cette façon, mon explication ne sera pas uniquement valable pour l'encaissement des 100 euros de ton anniversaire et l'achat de 15 euros pour les chocolats. Dans le compte Caisse et les comptes explicatifs, je mettrai donc le carré à la place des 100 euros et la croix à la place des 15 euros.

Et le nom du compte explicatif découle de la nature de l'opération qui est à l'origine du mouvement d'argent, rappelle Estelle. Dans ton cas, ton cadeau d'anniversaire et les chocolats achetés étaient les explications de ton argent reçu et de ton argent dépensé.

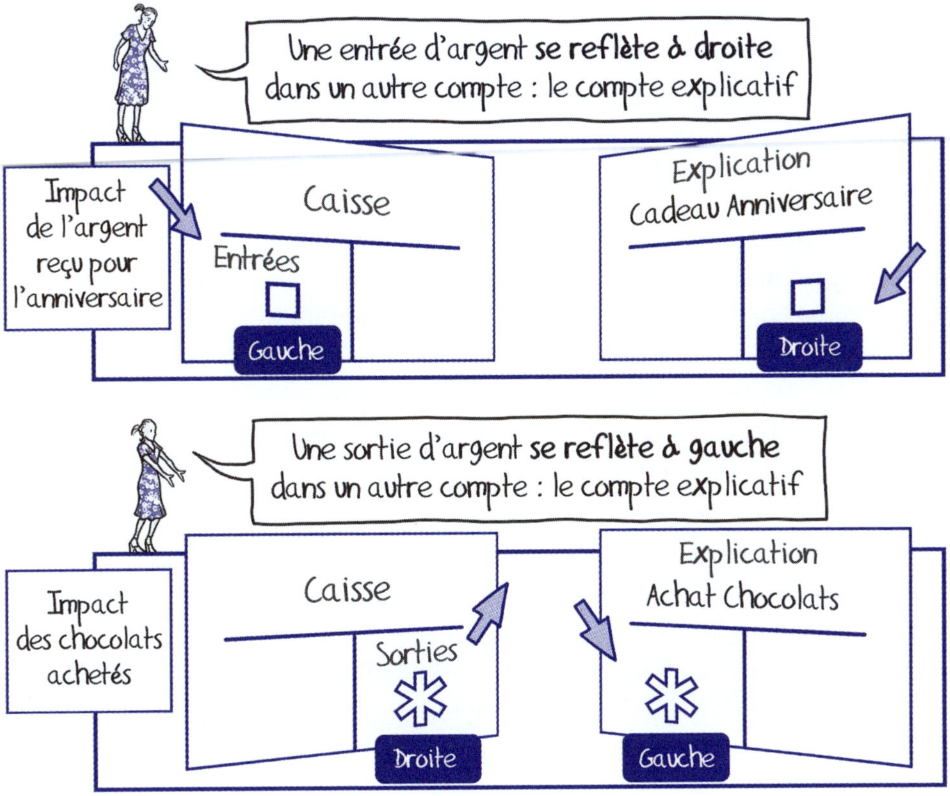

— Ah oui, se souvient Louis. J'avais appelé « Cadeau Anniversaire » et « Achat Chocolats » les deux comptes explicatifs.

— Oui, et chaque pays peut créer son propre classement de comptes et préciser les noms à utiliser pour que tout le monde emploie, sur son territoire, les mêmes règles pour **ranger** et **désigner** les comptes.

— Maintenant, prenons l'exemple de mon activité d'expert-comptable, dit Estelle. Comment est-ce que je gagne de l'argent ?

— Quand tes clients te paient.

— Bien. Dans une activité professionnelle, ce que l'on facture aux clients s'appelle le « chiffre d'affaires » ou les « ventes ». Mes entrées d'argent s'expliquent par la vente de services à mes clients. Ces derniers règlent leur facture soit par chèque, soit par virement ; ils paient rarement en espèces. Dès lors, le compte Banque – qui retrace les règlements par chèque, par virement et par carte bancaire – existe à côté du compte Caisse. Ce dernier ne contient que des espèces : billets et pièces de monnaie. En comptabilité, on appelle comptes de **trésorerie** tous les comptes où **figurent** les paiements qui passent soit par le compte Banque, soit par le compte Caisse. Tu suis toujours ?

— Oui, répond Louis qui précise : le mot « trésorerie » est donc plus vaste que le mot « caisse ». **Il regroupe tous les avoirs purement monétaires**.

— Parfait. Désormais, j'emploierai donc le mot « trésorerie » et non plus le mot « caisse ». Enfin, je parlerai du **compte Trésorerie** si je me réfère au compte qui regroupe le compte Caisse et le compte Banque.

— Le compte Caisse et le compte Banque sont donc des **subdivisions** (ou des sous-ensembles ou des « sous-comptes ») du compte Trésorerie, conclut Louis.

— Oui, reprend Estelle. Et, dans la vie courante, au lieu de « paiement **en trésorerie** » on dit souvent « paiement **en cash** ».

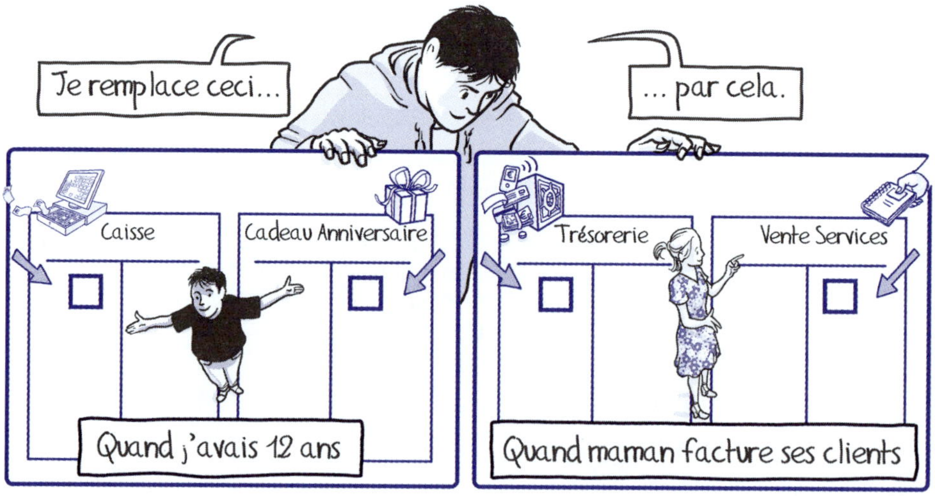

— Dans une entreprise, le mot « **produits** » est le terme plus vaste (utilisé dans sa comptabilité) pour désigner le compte **expliquant les rentrées d'argent** liées, par exemple, à des ventes de services ou à des subventions reçues, précise Estelle. De même, le mot « **charges** » est le terme plus vaste (utilisé dans sa comptabilité) pour désigner le compte **expliquant les sorties d'argent** liées, par exemple, à des achats de timbres ou au paiement de salaires.

— Et voilà Louis ! Maintenant, tu sais faire fonctionner la moitié des comptes qui existent en comptabilité.

« Rapide mon apprentissage en comptabilité », songe Louis fort satisfait de ce constat.

2.2 Comptes de charges et de produits

Estelle récapitule pour Louis ce nouveau vocabulaire.

- **Les comptes de trésorerie** (on utilise ici le pluriel car il y a un compte Caisse et un ou plusieurs comptes Banque dans une entreprise) : ils fonctionnent avec les entrées à gauche et les sorties à droite.

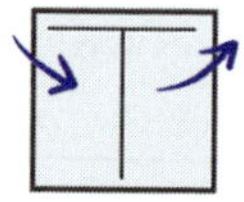

- **Les comptes de produits** (c'est dans un compte de produits baptisé « Cadeau Anniversaire » que, à 12 ans, Louis avait mis l'explication de son entrée d'argent) : ils fonctionnent avec des **entrées à droite**.

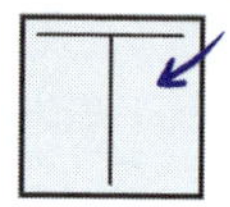

- **Les comptes de charges** (c'est dans un compte de charges baptisé « Achat Chocolats » que, à 12 ans, Louis avait mis l'explication de sa sortie d'argent) : ils fonctionnent avec des **entrées à gauche**.

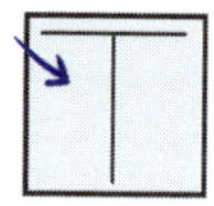

Les comptes de produits et les comptes de charges ont donc un sens de fonctionnement opposé. La colonne de **droite** enregistre les **entrées** dans les comptes de produits et les **sorties** dans les comptes de charges…

« Ça se complique », songe Louis. « Mais c'est vrai que, dans un compte, la colonne opposée à celle des entrées est celle des sorties. »

— Continuons, dit Estelle. Donc dans un compte de charges, les entrées étant à gauche, les sorties sont à droite. Autre précision : comme pour les comptes de trésorerie qui sont regroupés dans le compte Trésorerie, je parlerai des comptes de produits et, si je me réfère **au compte qui regroupe** tous les comptes de produits, je dirai **le compte Produits** (avec un P majuscule).

— Le compte Produits est un ensemble composé de plusieurs sous-ensembles qui sont des comptes de produits plus précis, renchérit Louis.

— Je ferai de même pour les charges, précise Estelle. Je parlerai des comptes de charges, et **du compte Charges** (avec un C majuscule) si je me situe au niveau du compte qui les regroupe. Mais revenons à la trésorerie et au sens de fonctionnement du compte Produits. Un produit correspond à une vente dans une entreprise ou, pour toi, à l'argent reçu lors de ton anniversaire. **Quel impact** a ce produit sur la trésorerie ?

— Une entrée d'argent que j'inscris donc à gauche du compte Trésorerie.

— Maintenant, comment fonctionne le compte Produits qui explique cette entrée d'argent ? demande Estelle.

— En sens inverse, répond Louis. Et si c'est l'inverse de la gauche, c'est donc la **droite**.

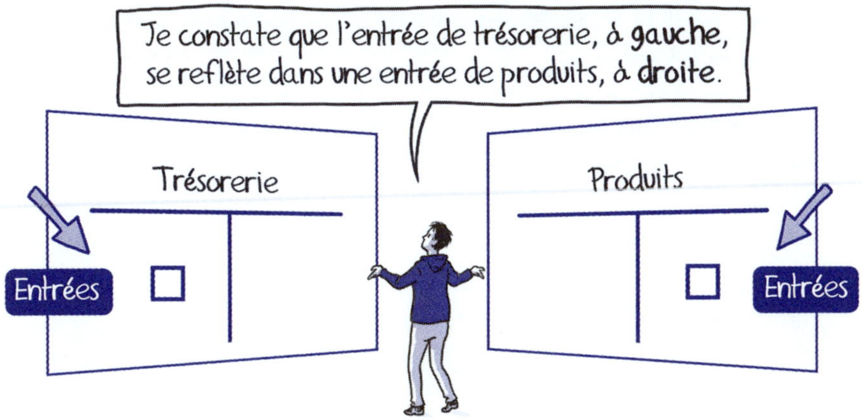

— Louis, écoute moi bien, reprend Estelle. On dit que le compte **Produits** est un compte de RESSOURCE puisqu'il explique une **entrée** de trésorerie. **Et quel impact** a une charge sur la trésorerie, par exemple un achat de timbres dans une entreprise ou un achat de chocolats pour toi ?

— Une sortie d'argent ; donc une charge a un impact à droite dans le compte Trésorerie.

— Bravo. Et on dit, cette fois-ci, que le compte **Charges** est un compte d'EMPLOI puisqu'il explique une **sortie** de trésorerie.

Louis constate que c'est finalement fort logique qu'un compte de RESSOURCE explique une **entrée** d'argent et qu'un compte d'EMPLOI explique une **sortie** d'argent…

— Mais regarde bien, Louis ! Dans le cas du paiement d'une charge, pour respecter l'enregistrement de l'opération en sens inverse – donc une fois à gauche, une fois à droite – tu as fait jouer, à juste titre, la **sortie** du compte de trésorerie à droite et l'**entrée** d'un compte de charges à gauche.

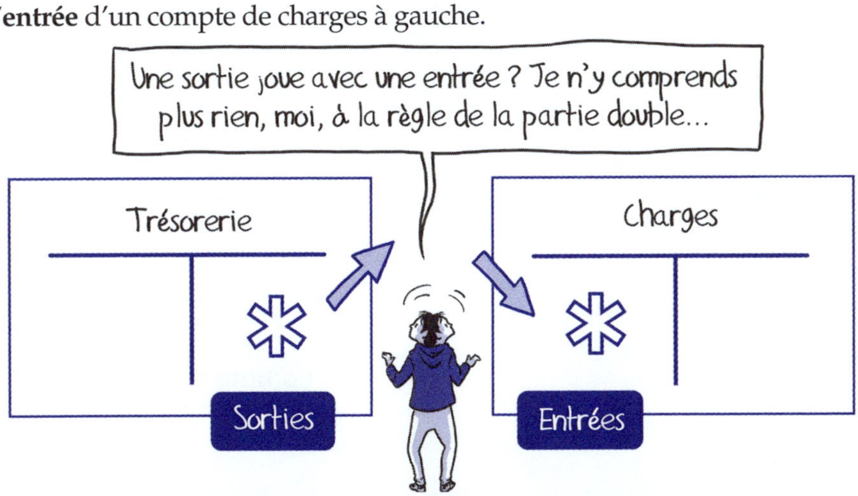

— Louis, reprenons la règle de la partie double qui impose que toute opération soit enregistrée deux fois et en sens inverse. Le sens inverse ne se réfère pas aux colonnes « entrées » et « sorties » des comptes. Il veut dire que l'opération s'affiche une fois à gauche et une fois à droite dans les comptes. Pour une opération donnée, tu peux alors avoir trois possibilités :

- **deux** colonnes « entrées » : c'est le cas, par exemple, de l'encaissement d'un produit ;
- **une** colonne « sorties » et **une** colonne « entrées » : c'est le cas, par exemple, du paiement d'une charge ;
- ou **deux** colonnes « sorties » : on verra ce cas à la fin du chapitre.

Dans chacun de ces cas, le montant de l'opération est enregistré deux fois, explique Estelle. Il faut juste veiller à bien faire fonctionner une colonne de **gauche** et une colonne de **droite** ; **peu importe qu'il s'agisse d'une colonne « entrées » ou d'une colonne « sorties »**. Je vais représenter les opérations à enregistrer à l'aide des trois comptes que tu connais bien. Je garderai le carré □ pour inscrire une opération avec une entrée de trésorerie et une croix ❋ pour inscrire une opération avec une sortie de trésorerie.

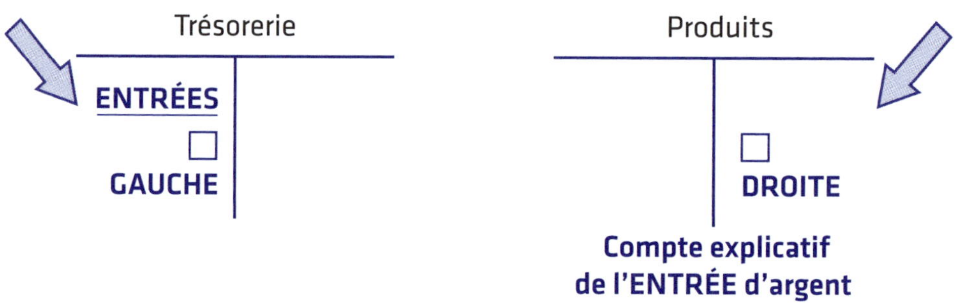

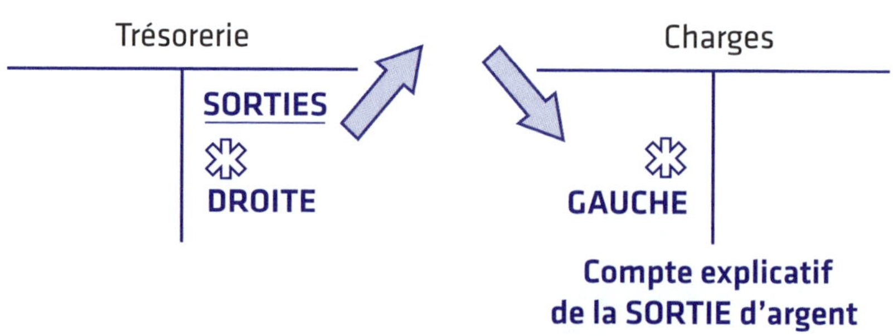

— Tu sais que le compte Produits a des entrées à droite et que le compte Charges a des entrées à gauche, souligne Estelle. Reprends le schéma précédent et indique le mot « entrées » dans la colonne qui vient d'être utilisée dans le compte Produits et dans le compte Charges.

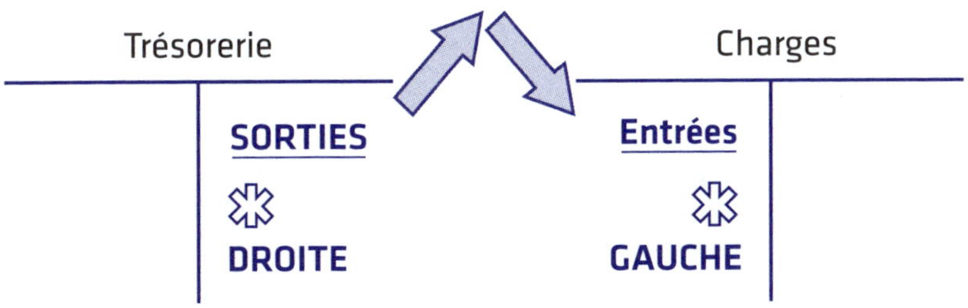

Louis regarde, attentif, les comptes qu'il vient de tracer. Pour l'opération correspondant à un produit, il voit deux entrées : une entrée en trésorerie et une entrée en produits. Pour l'opération correspondant à une charge, il voit une sortie en trésorerie et une entrée en charges. L'instant d'interrogation passé, il constate que la règle de la partie double est bien respectée : chaque opération est enregistrée deux fois dans des comptes différents, une fois à gauche et une fois à droite.

— Louis, une autre remarque, dit Estelle. On ne crée pas un nouveau compte à chaque fois que l'on enregistre une opération : si des opérations induisent des mouvements **dans un compte de même nature**, elles sont regroupées dans **ce** compte de même nature. Par exemple, ici, les deux opérations qui ont un impact sur la trésorerie (c'est-à-dire sur les avoirs monétaires détenus par toi ou par une entreprise) figurent toutes les deux dans **un seul** compte, qui est **le compte Trésorerie**.

— Tu n'as donc que trois comptes qui ont joué lors de l'enregistrement des deux opérations. Mais tu as bien respecté la règle de la partie double, car tu as inscrit **quatre montants** (deux pour chaque opération) dans ces **trois comptes**.

— J'ai en effet **un seul compte de trésorerie** qui retrace toutes les entrées et toutes les sorties d'argent ; il est impacté par les deux opérations, celle qui entraîne une entrée d'argent (= le carré) et celle qui entraîne une sortie d'argent (= la croix).

2.3 Annulation d'une vente (Produits)

Louis regarde à nouveau les trois comptes. Il a une idée pour tout simplifier : pourquoi ne pas tout mettre dans un **seul compte explicatif** avec à gauche les charges et à droite les produits ? Estelle, l'experte en la matière, lui explique que c'est une question de clarté.

— Tu vas comprendre, dit Estelle. Prenons l'exemple d'une entreprise qui s'appelle Surf, et que j'appellerai soit « entreprise Surf » soit « Surf », qui vend des longboards à des particuliers et à des clubs de sport. Suppose que son client « Le Club » soit mécontent des longboards qui lui ont été livrées et qu'il avait achetées 5 000 euros. Il décide donc d'annuler son achat.

— Quel est le problème ?

— Eh bien, dans la comptabilité de Surf, si tu n'avais qu'un seul compte explicatif, tu mettrais dans la colonne de gauche de ce compte **à la fois** les entrées de charges et les sorties de ventes. Mais d'abord une précision, continue Estelle. Les longboards **vendues** par Surf sont **achetées** par son client. L'opération de **vente** de Surf est une opération d'**achat** pour son client. Ainsi, au même instant, il y a ces deux opérations (une vente et un achat) qui existent mais elles sont réalisées dans deux entreprises différentes.

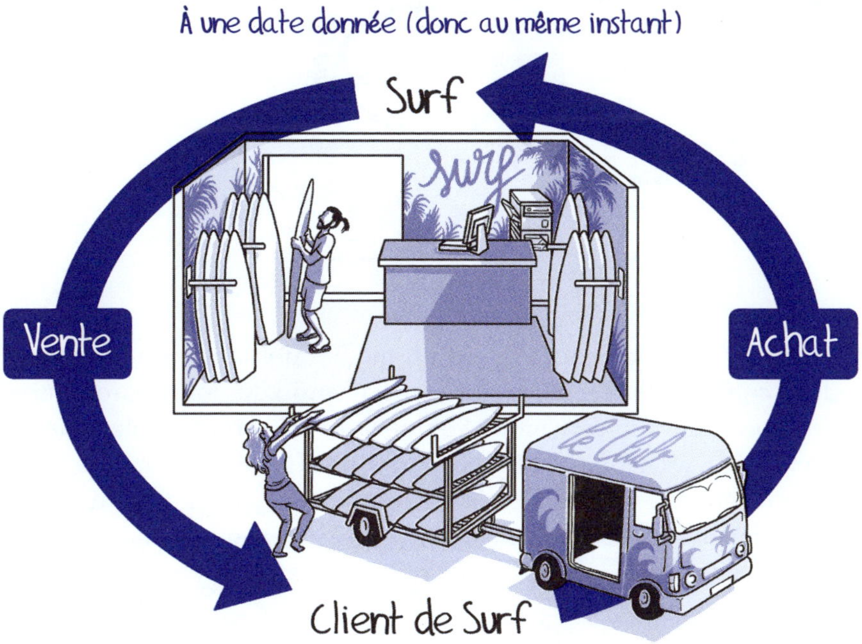

— À la même date, il y a une vente pour Surf et un achat pour son client, reprend Estelle. Chaque entreprise tient sa comptabilité en partie double. Toute opération est dès lors enregistrée simultanément quatre fois : deux fois chez le vendeur – ici l'entreprise Surf – et deux fois chez l'acheteur. La comptabilité du vendeur et celle de l'acheteur sont dites « **réciproques** ». Il ne faut surtout pas confondre la règle de la partie double – qui s'applique au sein de chaque entreprise – et les comptabilités réciproques. Ainsi, il faut faire très attention quand tu veux comptabiliser une opération, il faut savoir **dans quelle comptabilité tu te situes** : dans celle de l'acheteur ou dans celle du vendeur. Je vais compléter le dessin précédent en mentionnant :

- les deux comptabilités réciproques ;
- les **quatre** enregistrements comptables **simultanés.**

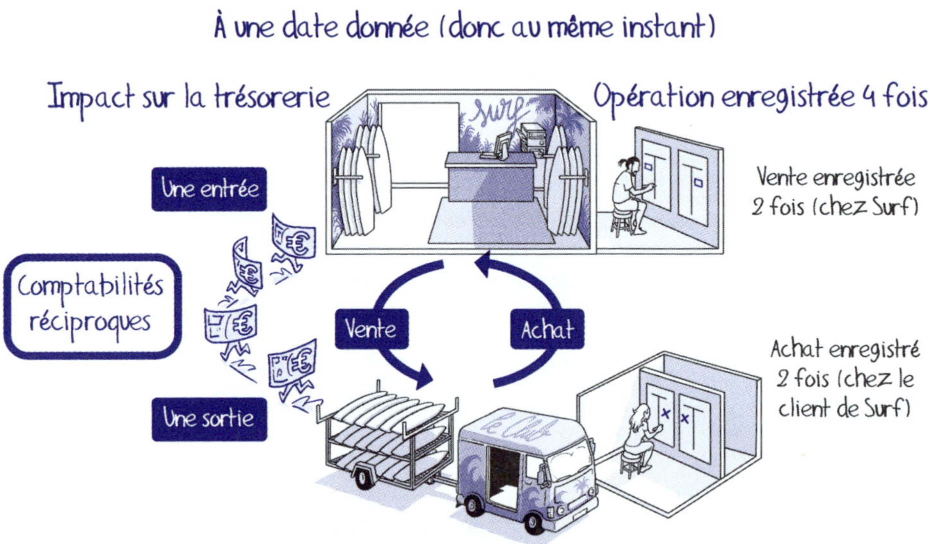

L'entrée et la sortie de trésorerie – d'un même montant – sont enregistrées dans deux comptabilités **réciproques**. Surf a vendu des longboards à un club de sport ; son opération de vente est enregistrée en partie double : une entrée de trésorerie à **gauche,** une entrée de produits à **droite.** De même, le client de Surf a acheté des longboards ; cette opération d'achat est enregistrée en partie double dans les comptes du client « Le Club » : une sortie de trésorerie à **droite**, une entrée de charges à **gauche**.

— Continuons avec les longboards rendues à Surf par son client, reprend Estelle. Dans notre exemple, tu te situes dans la comptabilité de Surf, qui est le vendeur, puisque nous étudions l'annulation d'une vente. Que se passe-t-il dans la trésorerie de Surf ?

— Surf **sort de l'argent** pour rembourser le client insatisfait, répond Louis sans hésitation.

— Louis, montre-moi les comptes qui vont bouger chez Surf. Et pour ne pas te tromper, **tu dois toujours commencer par la trésorerie**. Tu viens de me dire que Surf remboursera la vente annulée, donc qu'elle sortira de l'argent.

— Je dois alors inscrire 5 000 à **droite** du compte Trésorerie de Surf. Et je dois respecter la règle de la partie double, dit Louis. À une sortie d'argent à **droite** doit correspondre un mouvement à **gauche**, dans un compte explicatif.

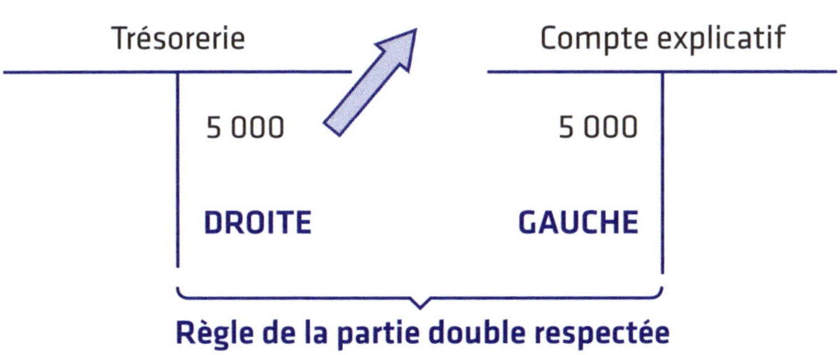

— Bien ! On aurait pu créer un compte explicatif dénommé « Annulation Ventes », précise Estelle. Mais, comme tous les comptes, le compte Ventes ressemble à un T et a deux colonnes : une colonne pour les entrées (on peut aussi dire « **pour les augmentations** ») et l'autre colonne pour les sorties (on peut aussi dire « **pour les diminutions** »). Les entrées du compte Ventes sont à droite, n'est-ce pas Louis ?

— Les sorties de ventes seront donc à gauche du compte Ventes ! s'écrie Louis, content de lui.

— Dès lors, une annulation de vente – qui baisse le montant des ventes réalisées par Surf – est inscrite **directement** à gauche du compte Ventes. Nous n'avons pas besoin de créer un nouveau compte, qui se serait dénommé « Annulation Ventes ».

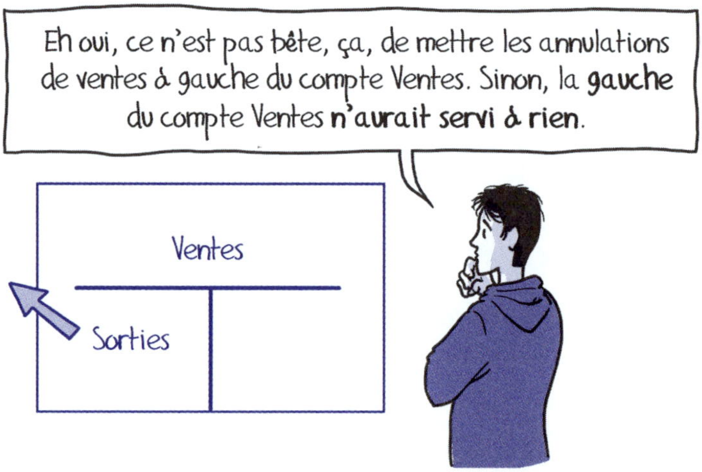

— Tu as raison Louis. Si les annulations de ventes n'étaient pas directement inscrites dans le compte Ventes, la gauche de ce compte ne servirait jamais. Ainsi, dans la comptabilité de Surf, le remboursement fait à son client entraîne une **sortie** de cash, inscrite à **droite** du compte Trésorerie. Cette inscription à droite du compte Trésorerie s'explique par une baisse des ventes notée à **gauche** (dans la **colonne « sorties »**) du compte Ventes. C'est assez difficile à comprendre. Le mode de raisonnement – pour ne jamais te tromper – **est de toujours partir de la trésorerie**, rappelle Estelle.

— C'est vrai qu'en comptabilité, **la clé c'est le « cash » !** s'exclame Louis.

— La question à te poser est de comprendre comment l'opération que tu veux enregistrer impactera la trésorerie. Se traduira-t-elle par une entrée de cash, donc avec une inscription à gauche du compte Trésorerie, ou une sortie de cash, donc avec une inscription à droite du compte Trésorerie ? C'est soit l'un, soit l'autre.

— C'est toujours facile de savoir si une opération va **rapporter de l'argent ou coûter de l'argent**, précise Estelle. Tu sais donc comment va fonctionner le compte Trésorerie. Ensuite, tu déduis de quel côté doit jouer le compte explicatif : ce sera toujours **en sens inverse** de la trésorerie. Reprends l'exemple de l'annulation de la vente des longboards : Surf doit rembourser son client, ce qui se traduira par une sortie de trésorerie…

— À droite du compte Trésorerie de Surf ! enchaîne Louis.

— Oui et donc à gauche pour le compte explicatif. Ainsi, dans les deux comptes, on fait jouer **la colonne des sorties**.

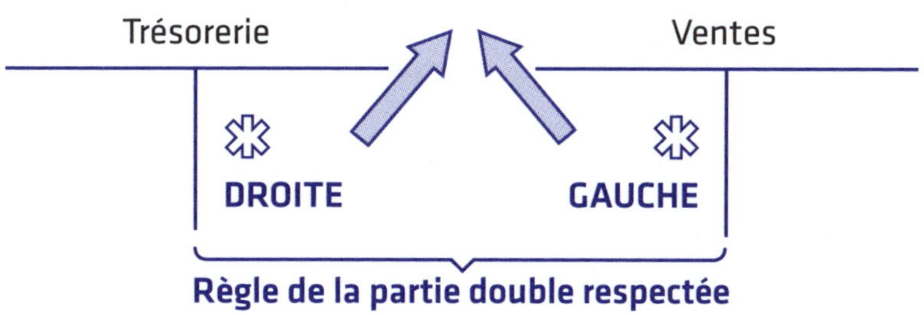

— Voilà enfin le cas où la règle de la partie double fait jouer **deux colonnes « sorties »**, constate Louis.

— Et tu remarques que la diminution d'un produit engendre un décaissement ; cette diminution équivaut donc à un EMPLOI puisqu'elle provoque une **sortie** de trésorerie. Je dirai que c'est un « **quasi emploi** », pour éviter les confusions avec les emplois qui sont inscrits en **entrée dans un compte d'emploi**.

2.4 Annulation d'un achat (Charges)

— Continuons avec Surf. Elle achète par exemple 100 euros de ramettes de papier auprès d'un vendeur, qui sera un « fournisseur » pour elle ; Surf sera donc son client. Il faut te souvenir que toute opération d'achat pour une entreprise est, en même temps, une opération de vente pour une autre entreprise. Ainsi, **au même instant, tout achat est également une vente**, mais dans deux entreprises différentes... Nous avions déjà abordé ce point avec l'annulation d'une vente. Tu suis toujours Louis ?

— Oui, tout dépend si on se place du point de vue du vendeur ou de l'acheteur. Donc, dans cet exemple, Surf est bien l'acheteur.

— Exactement. Je vais illustrer mes propos avec un dessin, en allant plus loin que tout à l'heure, car je vais introduire les mots « fournisseur » et « client ». Regarde Louis :

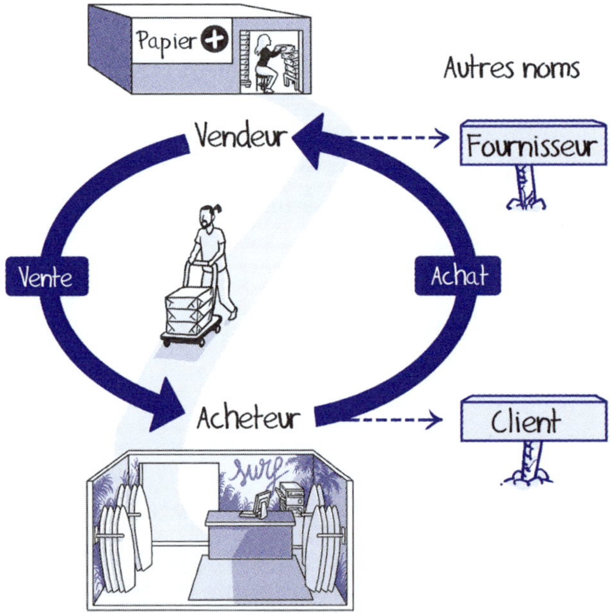

— Dans notre exemple, comme tu l'as dit, l'acheteur est bien Surf. Quand elle **achète** du papier, le vendeur de papier lui en **vend.** On peut également dire que Surf est le « client » du vendeur de papier. Et on peut tout aussi bien dire que le « vendeur » de papier est le « fournisseur » de Surf.

— Il faut que tu reprennes ces explications car ce n'est pas très clair : qui est le client de qui ? Je suis un peu perdu, reconnaît Louis...

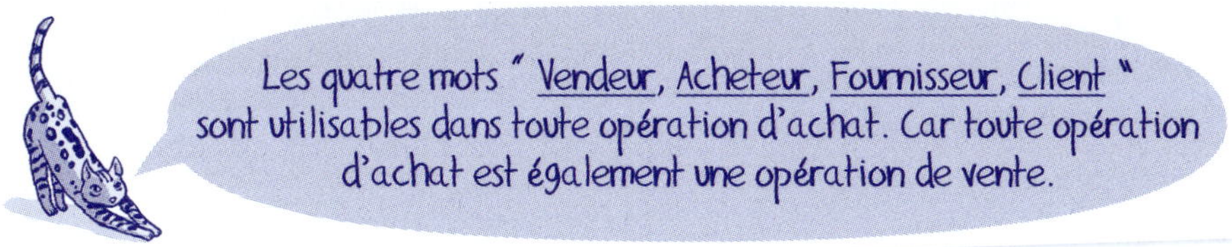

— En effet, Louis : qui est le client de qui ? Pas facile de le savoir… La description de l'opération conduit à parler en **même temps** d'achat et de vente, de client et de fournisseur. Il faut donc bien comprendre la transaction, vue du « côté de l'entreprise » dont on tient la comptabilité, pour faire jouer les « **bons comptes** ».

— Les « bons comptes » ? C'est-à-dire ?

— Il faut faire très attention, martèle Estelle. Supposons que Surf achète des ailerons pour assurer la maintenance des longboards. Quand tu te situes dans la comptabilité de Surf, si on te dit qu'un fournisseur a **vendu** 1 000 euros d'ailerons à Surf, il ne faut pas que tu retiennes le mot « vendu » et que tu enregistres une vente chez Surf ! Car, vu du côté de Surf, il s'agit d'un **achat** d'ailerons : c'est un achat pour cette entreprise et non une vente. Il faut donc faire fonctionner son compte Achats.

— Si l'opération est formulée du « bon côté », tu utiliseras donc le « bon compte » : ici, un compte **Achats** chez Surf pour son **achat d'ailerons**. Revenons à notre annulation d'achat de papier.

Par exemple, Surf renvoie à son fournisseur les ramettes de papier car elles sont bleues ; or, elle avait commandé des ramettes de papier blanc. Cette annulation d'achat se traduit par une entrée d'argent chez Surf ; en effet, la papeterie lui **rembourse** le montant de l'achat de papier de mauvaise couleur.

— Et si la papeterie renvoie du papier blanc ?

— Alors, dans ce cas, il n'y aurait pas une annulation de l'achat effectué par Surf mais un échange de papier bleu contre du papier blanc. Moi, je te parle de l'annulation de l'achat du papier bleu et non de son échange avec du papier blanc. Peux-tu me montrer l'enregistrement de cette annulation dans la comptabilité de Surf, en reprenant deux comptes en **T** ?

— Le remboursement, qui est une entrée de cash, sera inscrit à gauche du compte Trésorerie chez Surf, précise Louis, et le compte explicatif sera donc mouvementé à droite.

— Bien ! Et le compte explicatif, comme tout à l'heure pour l'annulation de la vente de longboards, sera le compte « Achat Papier » avec 100 euros inscrits **dans la colonne des sorties**, explique Estelle.

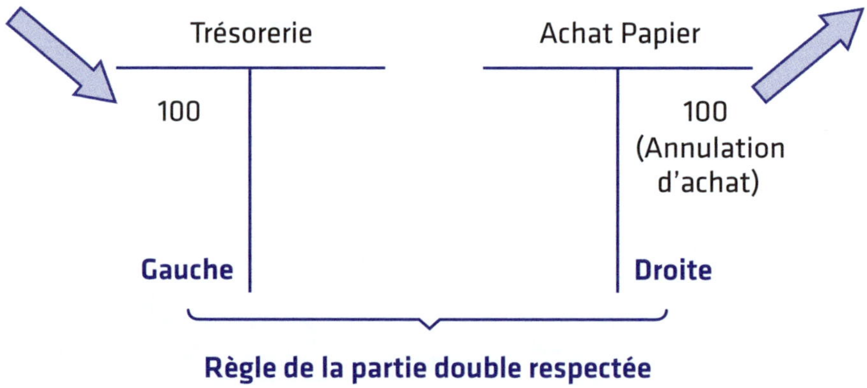

— Fais attention Louis. Tu remarques que la diminution d'une charge engendre un encaissement ; cette diminution équivaut donc à une RESSOURCE puisqu'elle provoque une **entrée** de trésorerie. Ici aussi, je dirai que c'est une « **quasi ressource** », pour éviter les confusions avec les ressources qui sont inscrites en **entrée dans un compte de ressource**.

— Peux-tu me faire un tableau récapitulatif ? demande Louis un peu paniqué...

— Mais bien sûr. Le voilà !

Comptes explicatifs	EMPLOIS	RESSOURCES
Comptes d'emploi	Colonne des entrées	Colonne des sorties (quasi ressources)
Comptes de ressource	Colonne des sorties (quasi emplois)	Colonne des entrées

— Je vais sérieusement retravailler ces définitions de « quasi emploi » et « quasi ressource », qui font jouer les colonnes « sorties » des comptes explicatifs, se dit Louis...

— Réfléchis, Louis. On retrouve toujours la logique de la comptabilité : une diminution de produit qui explique une sortie de trésorerie équivaut à un emploi, et une diminution de charge qui explique une entrée de trésorerie équivaut à une ressource. Et pour résumer les opérations d'annulation de produits (visualisées par une croix : ✲) ou de charges (visualisées par un carré : □), reprenons les trois comptes avec leur sens de fonctionnement, poursuit Estelle. La **colonne des sorties** correspond à des **annulations** de charges et à des annulations de produits pour les comptes de charges et de produits concernés.

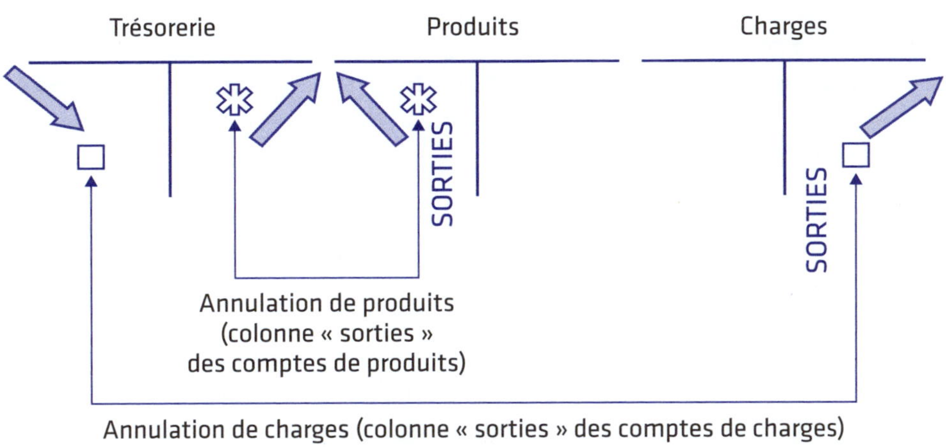

2.5 Comptes de gestion

— Il faut que je te précise un point très important pour les charges et les produits : les charges et les produits concernent des **opérations définitives**, explique Estelle.

— Définitives ?

— Oui. Là encore, le point de repère est le cash. **Les opérations définitives sont celles qui entraînent des entrées et des sorties de trésorerie irréversibles**. Les opérations étant comptabilisées en partie double, le qualificatif « définitif » n'est pas attribué au compte Trésorerie, qui est le compte pivot (il enregistre les **flux monétaires**), mais aux comptes explicatifs (ils enregistrent les **flux réels**). Je vais illustrer cette notion d'opérations définitives en reprenant les opérations très simples effectuées quand tu avais 12 ans.

— D'accord, car j'ai vraiment du mal à suivre !

— Tout d'abord, évoquons tes entrées d'argent. Souviens-toi de l'argent reçu pour ton anniversaire : il a fait jouer un compte de produits car il expliquait une entrée d'argent. Son encaissement a été définitif. **En effet, tu n'auras jamais à me rembourser cet argent** : il est définitivement entré dans ta poche. On est d'accord ?

— Absolument, répond Louis.

— Il en a été de même pour ton argent de poche. **Je ne te demanderai jamais de me le rendre** : ton cadeau d'anniversaire et ton argent de poche sont donc des **opérations définitives**. Maintenant, parlons de tes sorties d'argent. Les chocolats achetés ont fait jouer un compte de charges car cet achat expliquait une sortie d'argent. Ton achat a été définitif puisque tu as consommé, avec moi, les chocolats. **L'argent** que tu as décaissé pour acheter ces chocolats **ne te sera jamais rendu** ; il est définitivement sorti de ta poche. Idem pour le billet de cinéma. Tu as vu le film ; **l'argent que tu as sorti pour payer le billet ne te sera jamais rendu**. L'achat des chocolats et l'achat du billet de cinéma sont aussi des **opérations définitives**.

— Pour l'instant, c'est très clair, constate Louis soulagé.

— Pour une entreprise, c'est la même chose, continue Estelle. Ses charges et ses produits, générés par son activité, sont définitifs. Ses charges ont été consommées définitivement : ce sont des **appauvrissements** ; ses produits ont été acquis définitivement : ce sont des **enrichissements**. Et un dernier point : en comptabilité, la notion de consommation « **définitive** » se réfère à une consommation faite **pendant l'année en cours**.

— Et les longboards rendues à Surf par son client ? demande Louis un peu troublé.

— Il s'agit d'un client mécontent, précise Estelle. Il y a donc une baisse des ventes et il est obligatoire de la constater. Une opération définitive peut donc être annulée. Il faut alors ajuster à la baisse le montant de l'opération définitive pour coller à la réalité économique ; ici, le montant des ventes diminue.

— Revenons aux « appauvrissements » et aux « enrichissements », dit Louis.

— Écoute bien, Louis. Les charges sont les **facteurs de production** consommés dans l'année par une entreprise pour lui permettre de fonctionner. Il est donc normal qu'elle supporte des charges (qui correspondent à des **coûts**) pour assurer ses ventes. Par exemple, Surf doit payer son loyer et rémunérer ses employés en plus de l'achat des longboards. Dans son activité, Surf **consomme des charges pour générer des produits** avec un objectif : que les produits excèdent les charges.

— Oui, car Surf veut gagner de l'argent, comprend Louis.

— Exactement. Dans ce cas, son activité a engendré un **bénéfice** qui mesure la performance économique réalisée par Surf pendant l'année écoulée. Le bénéfice est pour elle un **enrichissement « net »**. On emploie le mot « net » car le bénéfice est calculé par soustraction : tous les produits **moins** toutes les charges.

Les comptes de charges et de produits sont dès lors appelés **les comptes de gestion** car, en comptabilité, on parle plutôt de gestion que d'activité. Et on parle de gestion bénéficiaire (s'il y a un bénéfice) ou de gestion déficitaire (s'il y a une perte).

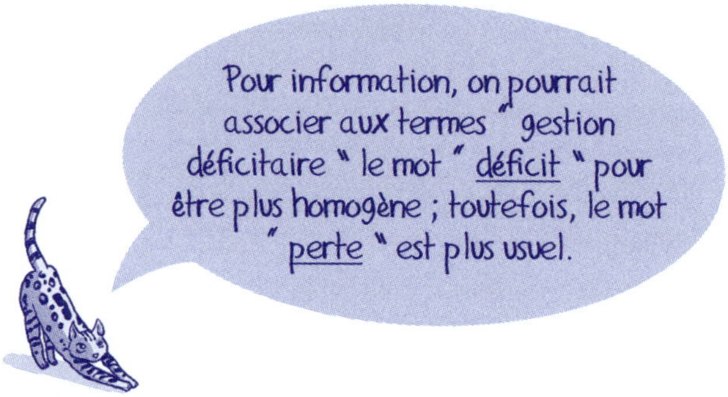

2.6 Sens de fonctionnement des comptes de gestion

— Louis, je te rappelle que :

- le compte Trésorerie a des entrées à **gauche** et des sorties à **droite**, PAR CONVENTION ;
- les comptes de produits ont des entrées à **droite** car ils expliquent des entrées de trésorerie à **gauche** du compte Trésorerie, PAR DÉDUCTION ;
- les comptes de charges ont des entrées à **gauche** car ils expliquent des sorties de trésorerie à **droite** du compte Trésorerie, là encore PAR DÉDUCTION.

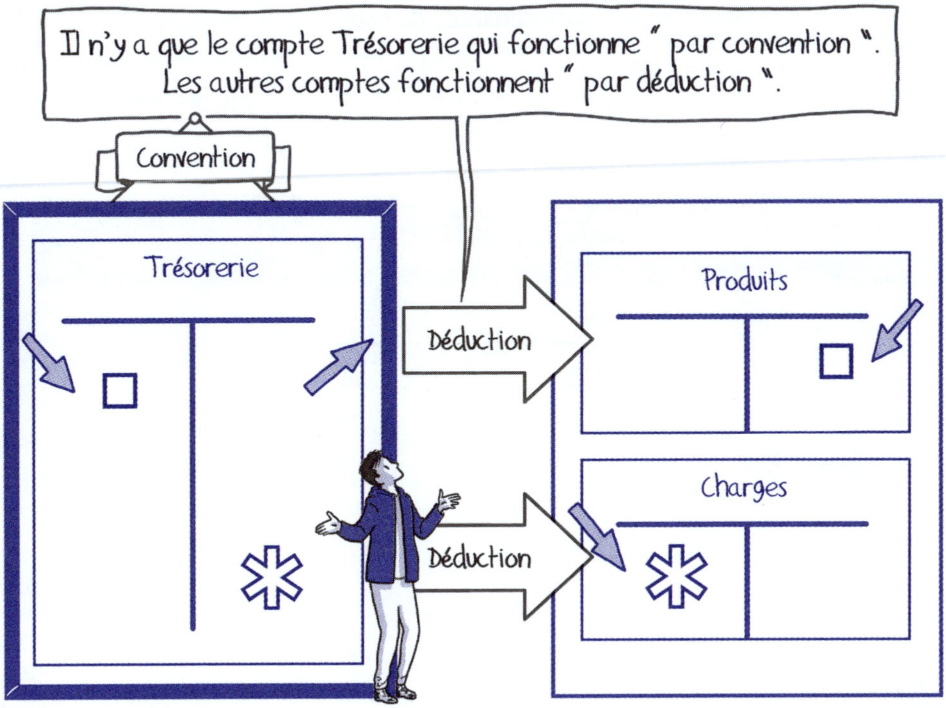

Louis sait maintenant que, pour une opération donnée, les comptes explicatifs fonctionnent **par déduction** quand on regarde ce qui se passe dans le compte Trésorerie. Ils sont qualifiés de comptes d'emploi ou de comptes de ressource en regardant **la colonne des entrées** de chaque compte et le lien de cette colonne avec la trésorerie. Ainsi, les comptes de **produits** ont des entrées qui expliquent des ENTRÉES de trésorerie ; ce sont des comptes de RESSOURCE. Inversement, les comptes de **charges** ont des entrées qui expliquent des SORTIES de trésorerie ; ce sont des comptes d'EMPLOI.

— Et, dans chaque compte, pour trouver la colonne des sorties, tu prends la colonne qui n'est pas celle retenue pour les entrées, souligne encore une fois Estelle. Avant de terminer, une nouvelle précision de vocabulaire : quand on enregistre une opération à l'intérieur des comptes, on dit que l'on passe une « **écriture comptable** ».

— De mon côté, j'ai bien compris le jeu des trois comptes que nous avons étudiés : Trésorerie, Produits, Charges.

— Et pour t'aider, voici un tableau résumant le sens de fonctionnement des comptes, c'est-à-dire **quelle est la colonne où l'on inscrit les entrées** pour chaque compte.

Nom du compte	Sens de fonctionnement	Terme plus vaste
	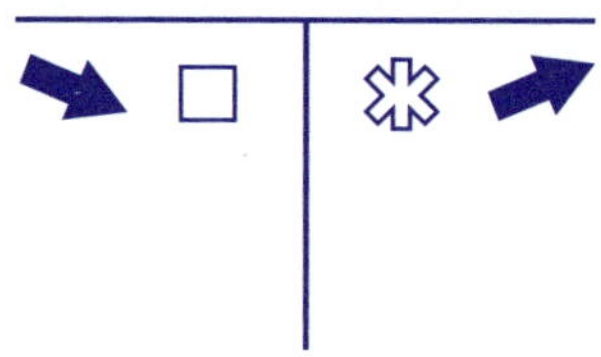	Trésorerie
	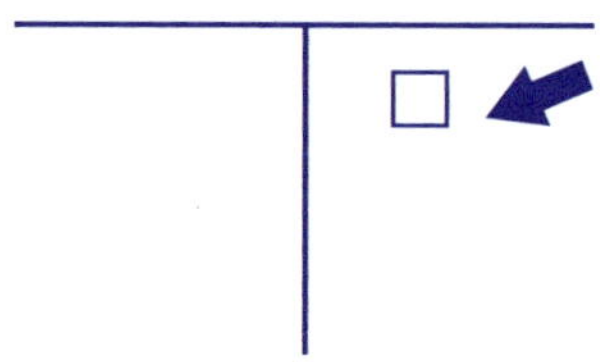	Produits
	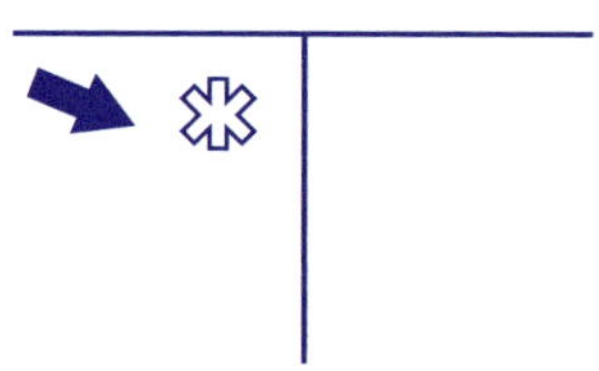	Charges

Comptes de RESSOURCE

Comptes d'EMPLOI

Une opération de vente est visualisée par un carré : 

Une opération d'achat est visualisée par une croix : 

Conclusion

Fonctionnement des comptes

- Le compte Trésorerie a été le premier compte créé et il a fallu choisir une colonne pour ses entrées. Ce compte est – comme tous les comptes – un compte en T avec deux colonnes (l'une pour les entrées, l'autre pour les sorties). Il y avait deux options possibles pour son sens de fonctionnement :
  - soit mettre les entrées de trésorerie à gauche ;
  - soit mettre les entrées de trésorerie à droite.
- **L'essentiel était d'avoir une colonne pour les entrées, l'autre étant alors réservée pour les sorties.** On a choisi la première option : **les entrées de trésorerie (= entrée de cash) seraient à gauche**. Ce choix a été décidé **par convention** car il fallait bien choisir entre les deux options.
- Après ce choix, la règle de la partie double a **imposé** que :
  - les comptes de produits fonctionnent avec des entrées à **droite,** puisqu'ils expliquent des entrées de cash à **gauche** du compte Trésorerie ;
  - les comptes de charges fonctionnent avec des entrées à **gauche**, puisqu'ils expliquent des sorties de cash à **droite** du compte Trésorerie.
- Il est logique de dire que :
  - les comptes de **produits** sont des comptes de RESSOURCE puisqu'ils expliquent des **entrées** de cash ;
  - les comptes de **charges** sont des comptes d'EMPLOI puisqu'ils expliquent des **sorties** de cash.
- Remarque : les comptes sont qualifiés de « compte de ressource » ou de « compte d'emploi » en regardant la **colonne des entrées** de chaque compte et le lien de cette colonne avec la trésorerie. Ainsi :
  - dans un compte de ressource, les **entrées** expliquent des entrées de cash ;
  - dans un compte d'emploi, les **entrées** expliquent des sorties de cash.

Chapitre 3

LES COMPTES DE SITUATION (ACTIF / PASSIF)

Louis à 18 ans

Le temps a passé et Louis a désormais 18 ans. Il s'apprête à passer son bac. Après avoir étudié le compte Caisse dans le chapitre 1, puis le compte Trésorerie et les comptes de gestion (charges et produits) dans le chapitre 2, le duo mère-fils se penche à présent sur les comptes de situation.

— Toute la comptabilité ne comporte que deux types de comptes : les **comptes de gestion** et les **comptes de situation**, explique Estelle. Nous avons vu que, dans les comptes de gestion, les opérations enregistrées sont définitives. Je dois maintenant aborder les autres opérations qui, elles, sont temporaires. Elles sont enregistrées dans les comptes dénommés « comptes de situation ». Je vais donc aborder maintenant les comptes de situation et la **deuxième règle de fonctionnement des comptes**.

— Tu m'avais effectivement dit qu'il y avait deux règles pour mouvementer les comptes ! soupire Louis.

— Et une précision importante, ajoute Estelle. Le compte de trésorerie est un compte de situation. Je vais te l'expliquer au point 3.2 de ce chapitre et j'y reviendrai de façon plus approfondie dans le chapitre 4.

— Bon, je retiens juste pour l'instant que le **compte Trésorerie** – qui est le compte pivot en comptabilité – est un **compte de situation**.

— Je poursuis, répond Estelle. Dans la comptabilité, à côté des opérations définitives, il y a des opérations temporaires ; et une opération est soit l'un, soit l'autre.

— **C'est comme pour la partie double : c'est soit à gauche, soit à droite. Maintenant, c'est soit définitif, soit temporaire.**

— Les opérations temporaires ne peuvent pas faire jouer les comptes de gestion, précise Estelle, puisqu'elles ne sont pas définitives. Elles font alors jouer les comptes de situation. Reprenons les opérations que tu connais bien, celles que l'on avait étudiées quand tu avais 12 ans et qui ont eu un impact définitif sur ta trésorerie.

— Alors... réfléchit Louis. Quand j'ai reçu les 100 euros de mon anniversaire, l'argent m'appartenait à vie. Le compte explicatif de mon entrée de cash était un compte de gestion et, pour être plus précis, un compte de produits.

— Très bien, continue avec les achats, demande Estelle.

— J'avais acheté des chocolats et un billet de cinéma. Ces deux opérations étaient définitives : l'argent utilisé pour les payer ne pouvait m'être rendu car nous avions consommé les chocolats et j'avais vu le film. Les comptes explicatifs de mes sorties de cash étaient des comptes de gestion, plus précisément des comptes de charges.

— Impeccable Louis ! Pour illustrer ce qu'est une opération temporaire, supposons que tu achètes un vélo de course.

3.1 Opérations temporaires

— Pour acheter ton vélo, je suis d'accord pour te prêter 500 euros que tu me rembourseras plus tard, quand tu feras un stage rémunéré. Que vas-tu inscrire dans ton compte de trésorerie ?

— Une entrée de 500 euros à gauche puisque c'est une entrée d'argent pour moi, répond Louis.

— Parfait, dit Estelle. Le compte explicatif va donc être mouvementé à droite. Mais est-ce un compte de produits ?

Louis prend une feuille de papier et dessine deux comptes :

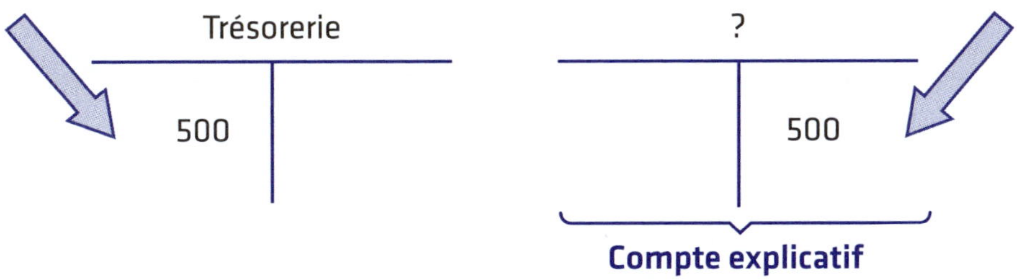

— Le compte explicatif que je viens de créer ne peut pas être un compte de produits car je dois te rembourser les 500 euros. Ils **ne m'appartiennent pas définitivement**, car tu ne m'en as pas fait cadeau.

— En effet, affirme Estelle. Tu ne peux donc pas faire jouer un compte de **gestion** comme compte explicatif. Tu feras dès lors jouer un compte de **situation**. Si on reprend les deux comptes, qu'est-ce que cela donne ?

Louis redessine les deux comptes :

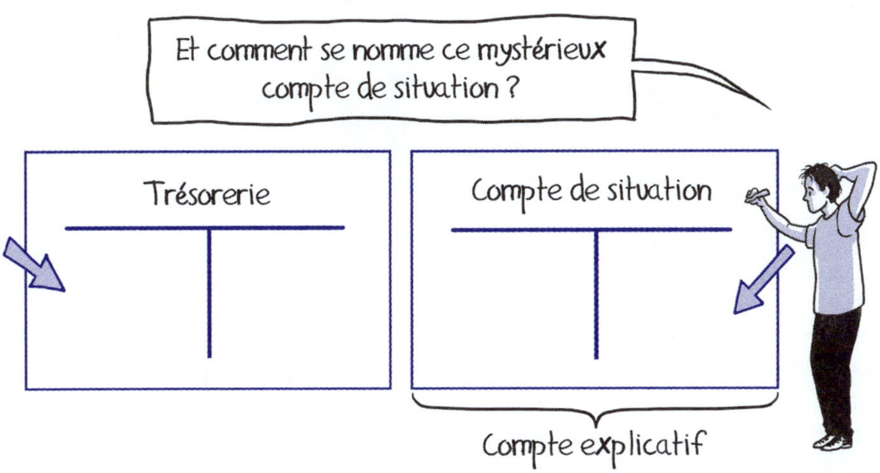

— Rappelle-toi Louis, dit Estelle. Tu ne dois pas inventer le nom d'un compte. Tu dois comprendre l'opération que tu enregistres et en déduire un nom.

— Ah c'est vrai ! répond Louis. Tu m'as prêté 500 euros ; je te **dois** ces 500 euros. J'ai donc une **dette** envers toi, Maman.

— Eh bien voilà ! dit Estelle.

— Le compte de situation va s'appeler « **Dette - Maman** », conclut Louis.

— Comme il explique une **entrée** de trésorerie, c'est un compte de RESSOURCE, souligne Estelle. Et une dette est une opération temporaire. Ce n'est pas le cas des 150 euros que tu as gagnés le mois dernier quand je t'ai demandé de m'aider pour l'archivage de mes dossiers. Ces 150 euros t'appartiennent définitivement.

— Je comprends, dit Louis. C'est pour ça que, si je comptabilise mes 150 euros, ils font jouer un compte de produits. Par contre, les 500 euros que tu m'as prêtés font jouer un compte de dettes. Dans les deux cas, j'ai de l'argent en trésorerie : 150 euros pour mon travail, 500 euros que je te dois.

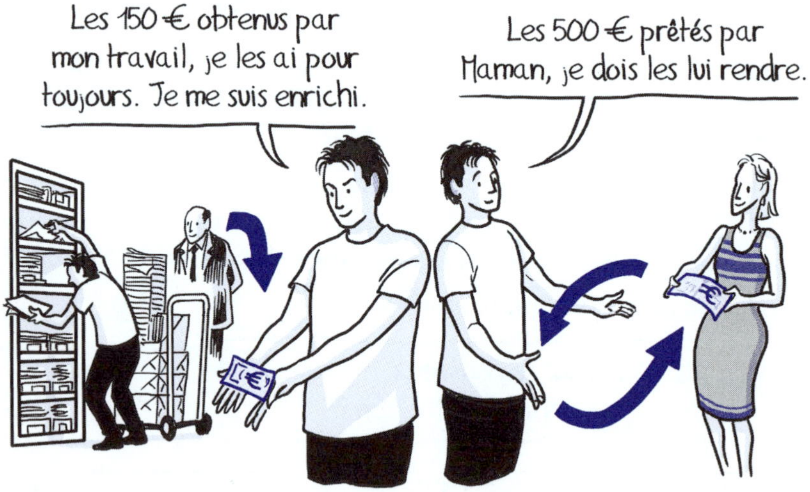

« Mais cet argent reçu n'a pas la même conséquence pour l'avenir », constate Louis en son for intérieur.

— Ainsi, quand mon **entrée** de trésorerie n'est que temporaire, le compte explicatif est un compte de situation dénommé « dettes » et non un compte de gestion dénommé « produits », résume Louis. Mais dans les deux cas, c'est un compte de RESSOURCE car il explique une entrée de trésorerie.

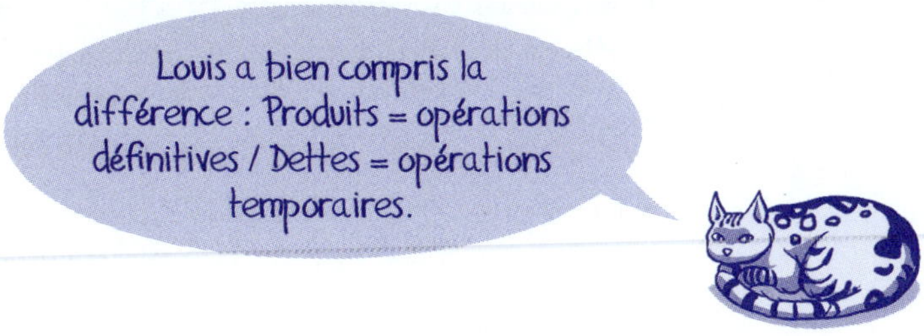

— Maintenant que tu as commencé à saisir la notion d'opérations temporaires et définitives pour tes rentrées d'argent, parlons du vélo de course que tu vas acheter avec les 500 euros que je t'ai prêtés, reprend Estelle. Avant d'aborder l'utilisation de ce vélo, je te précise qu'en comptabilité on emploie aussi bien le mot « consommer » que le mot « utiliser ». Je te pose donc la question : vas-tu consommer ton vélo dans l'année ?

— Bien sûr que non, répond Louis. Je vais l'utiliser – le « consommer » si tu préfères – sur plusieurs années.

— Parfait, dit Estelle. Revenons aux écritures comptables. Quand tu **achèteras** ton vélo 500 euros, tu auras une sortie à **droite** de ton compte de trésorerie.

— Et le compte explicatif de cette sortie d'argent va fonctionner à **gauche,** précise Louis très sûr de lui.

— Mais peux-tu faire jouer un compte de charges comme compte explicatif ?

— Non, je ne crois pas, répond Louis. Ce n'est pas comme l'achat de chocolats ou le billet de cinéma… Je ne consomme pas (tiens, c'est pratique le mot « consommer ») mon vélo dans l'année de son acquisition ; je vais m'en servir sur plusieurs années.

— Ce compte explicatif sera donc un compte de **situation**, résume Estelle :

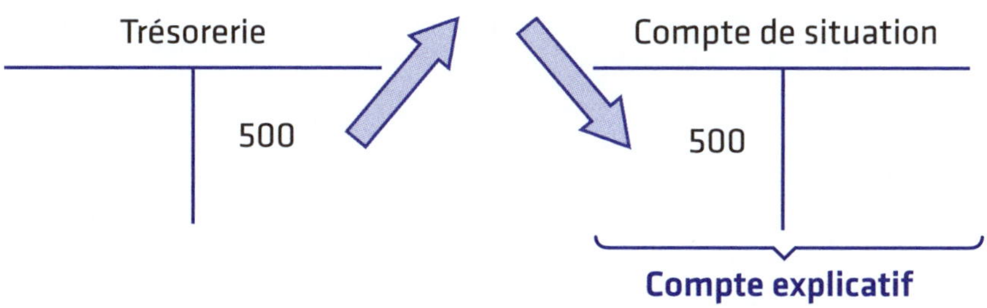

— Je peux appeler le compte explicatif « Achat Vélo », lance Louis. Et comme il explique une **sortie** de trésorerie, c'est un compte d'EMPLOI.

— Dans le compte de situation que tu viens de créer, précise Estelle, tu mets le bien – **en comptabilité, on dit l'Actif** – que tu détiens : un vélo. Ce compte de situation s'appelle donc un compte d'Actif et plus précisément – quand il s'agit d'un bien utilisé sur plusieurs années – un **compte d'immobilisations**.

— Je résume, dit Louis. Quand je ne consomme pas dans l'année ce que j'achète, le compte explicatif est un compte d'Actif et non un compte de charges.

— Louis, redessine-moi les trois comptes qui ont joué pour les deux opérations : l'argent que je t'ai prêté, puis l'achat de ton vélo. Pour nous y retrouver, nous allons donner des dates aux deux opérations :

- le prêt de 500 euros est consenti le 1er février ;
- l'achat de ton vélo est effectué le 20 février.

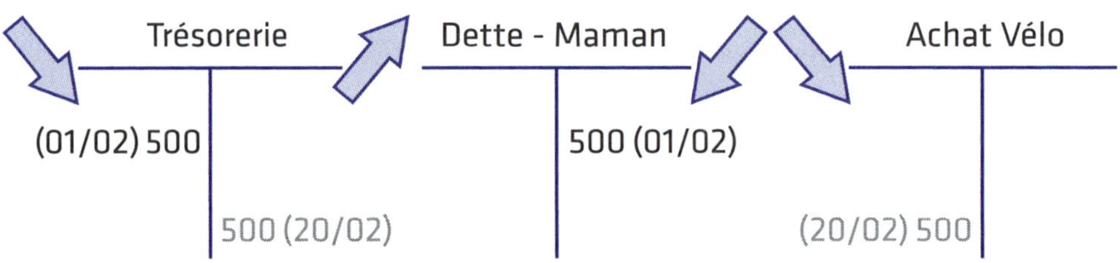

— Après l'achat de ton vélo, tu ne possèdes plus d'argent dans ta trésorerie : les 500 euros que je t'ai prêtés ont été décaissés pour que tu puisses régler ton achat. Mais **tu possèdes autre chose de même valeur** : un vélo. D'ailleurs, te rappelles-tu comment on calcule le solde d'un compte ?

— Oui, je fais le total des entrées, le total des sorties, puis je calcule la différence entre les entrées et les sorties. Dans mon compte Trésorerie, après l'achat de mon vélo, j'ai donc un solde égal à 500 – 500 = 0. Ma trésorerie est effectivement à zéro. Et on dit alors que le compte est « soldé », précise Louis.

— Très bien. Mais tu as aussi deux autres comptes qui, eux, ne sont pas soldés :

Achat Vélo	
(20/02) 500	

Dette - Maman	
	500 (01/02)

— Le compte Dette - Maman explique le financement de ton vélo. Tu as donc **un compte de ressource** (Dette - Maman) **qui explique le financement d'un compte d'emploi** (Achat Vélo). Je veux également, à ce stade de mes explications, continue Estelle, que tu comprennes parfaitement que toutes les entrées de trésorerie ne s'expliquent pas que par des produits ; et que toutes les sorties de trésorerie ne s'expliquent pas que par des charges.

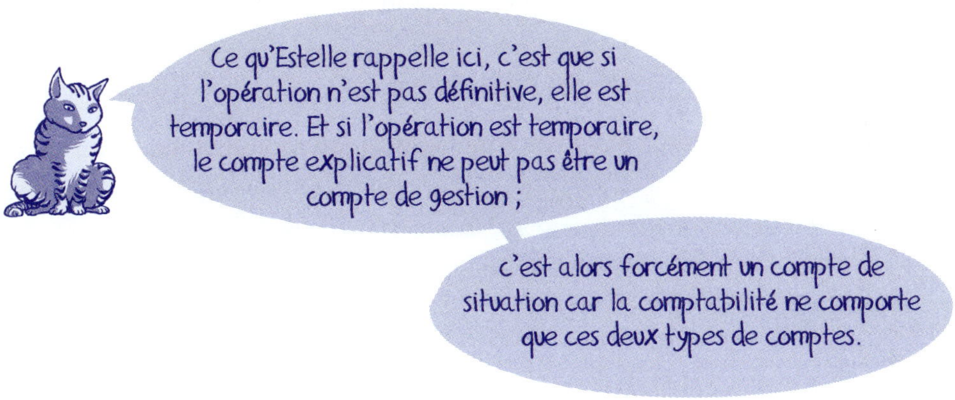

— Les opérations définitives sont les seules à avoir une **influence** sur ta « **richesse** », reprend Estelle. Je te rappelle que tes charges t'appauvrissent et que tes produits t'enrichissent. Les opérations temporaires n'ont pas d'incidence sur ta « richesse » : elles ne mentionnent qu'une **transformation** de ce que tu as. **Tu n'es ni plus riche, ni moins riche après une opération temporaire.**

— Ah bon ? s'étonne Louis. Pourtant ma trésorerie est vide !

— Je t'explique. Après l'achat de ton vélo, tu n'as plus d'argent, c'est vrai : tu as sorti les 500 euros que tu avais dans ta trésorerie. Mais tu as un vélo qui vaut 500 euros. **Tes avoirs sont différents, mais tu n'en as ni plus ni moins** qu'avant l'achat de ton vélo.

— J'ai compris ! dit Louis. J'ai toujours des avoirs, ou des actifs si tu préfères, de 500 euros.

« Et le compte Dette - Maman explique le financement de mon vélo », songe Louis. « Quant au compte **Trésorerie**, c'est un **compte de passage**. »

3.2 Règle « situation/gestion »

Estelle aborde maintenant la **deuxième règle de fonctionnement des comptes**.

— Quand tu as voulu acheter ton vélo, tu as commencé par avoir de l'argent, puis cet argent t'a servi à payer un vélo. Il y a eu deux opérations successives : l'entrée d'argent puis l'achat de ton vélo. Après la seconde opération, tes 500 euros de trésorerie se sont transformés en un nouvel avoir : un vélo d'une valeur de 500 euros. Le compte Trésorerie et le compte Achat Vélo sont des comptes de situation, comme le compte « Dette – Maman ». Avant de t'expliquer la deuxième règle de fonctionnement des comptes, je te donne une précision de vocabulaire : **quand je dis qu'une opération « s'équilibre dans les comptes », c'est qu'elle est inscrite en partie double** dans la comptabilité. Je dis de façon imagée « s'équilibre » car elle est inscrite deux fois, une fois à gauche et une fois à droite, pour le même montant.

— Alors, reprend Estelle, la deuxième règle de fonctionnement des comptes, la voici. **Lorsqu'une opération ne s'équilibre pas dans les seuls comptes de situation, il faut faire jouer les comptes de gestion**.

— Là, je suis perdu ! s'exclame Louis.

— Prenons un exemple pour illustrer cette règle que j'appellerai, pour simplifier, la **règle « situation /gestion »**. Le 2 janvier, l'entreprise Surf emprunte 120 000 euros à sa banque, la BNP, pour un an. Comment enregistres-tu cette opération, Louis ? Mets des K€ dans les comptes pour avoir des nombres plus simples (ici : 120 au lieu de 120 000).

— Facile, chantonne Louis. Surf a une entrée de trésorerie à gauche, reflétée à droite dans un compte explicatif :

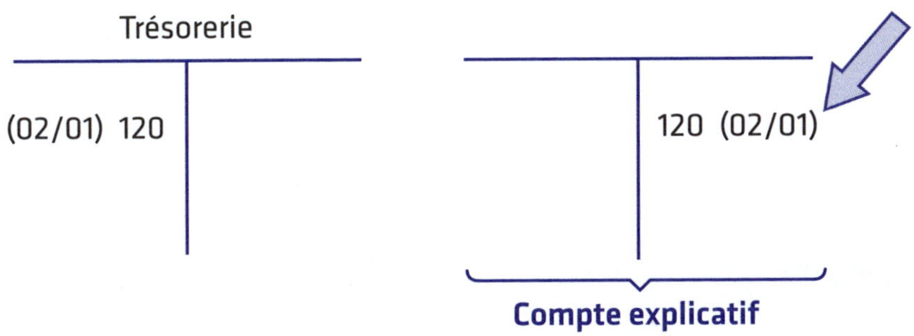

— Et s'agit-il d'une opération temporaire ou définitive ? demande Estelle.

— Euh… temporaire ? Puisque Surf a emprunté 120 000 euros à la banque…

— Absolument. Et qu'est-ce que tu en déduis ?

— Euh… comment ça ?

— Vas-tu faire jouer un compte de situation ou un compte de gestion pour équilibrer l'opération ? précise Estelle.

— Ah ! Puisque c'est **temporaire**, je vais faire jouer un **compte de situation**, répond Louis, et plus précisément un compte de dette.

— Et peux-tu donner un nom plus précis à ce compte de dettes ?

— Surf s'endette auprès de la BNP, donc au lieu de « Dette - Maman », le nom que j'ai utilisé quand j'ai acheté mon vélo, je vais l'appeler « Dette - BNP ».

— Très bien, Louis ! Dans la comptabilité de Surf, deux comptes de situation ont joué :

— Maintenant, regardons la suite des événements. Surf a emprunté ces 120 000 euros pour un an : elle doit dès lors les rembourser à la BNP le 31 décembre.

— Supposons, pour commencer, que Surf ne paie pas d'intérêt à la BNP.

— Ça, c'est un cas d'école ! s'exclame Louis.

— Tout à fait, c'est un cas d'école pour que tu chemines pas à pas et que tu comprennes bien mon raisonnement. Donc, que se passe-t-il le 31 décembre ?

— Hum… Surf va sortir 120 000 euros de sa trésorerie, répond Louis.

— 120 000 euros de quel côté de sa trésorerie ? demande Estelle.

— À droite bien sûr, répond Louis. Les entrées de trésorerie à gauche et les sorties de trésorerie à droite : c'est le socle de la compta ! Et pour respecter la règle de la partie double, j'inscris 120 000 euros à gauche dans un autre compte.

« Mais dans quel compte ? », se demande Louis. « Si je le mets à gauche du compte de dette, ça me semble pas mal… alors je me lance et je reprends les comptes ».

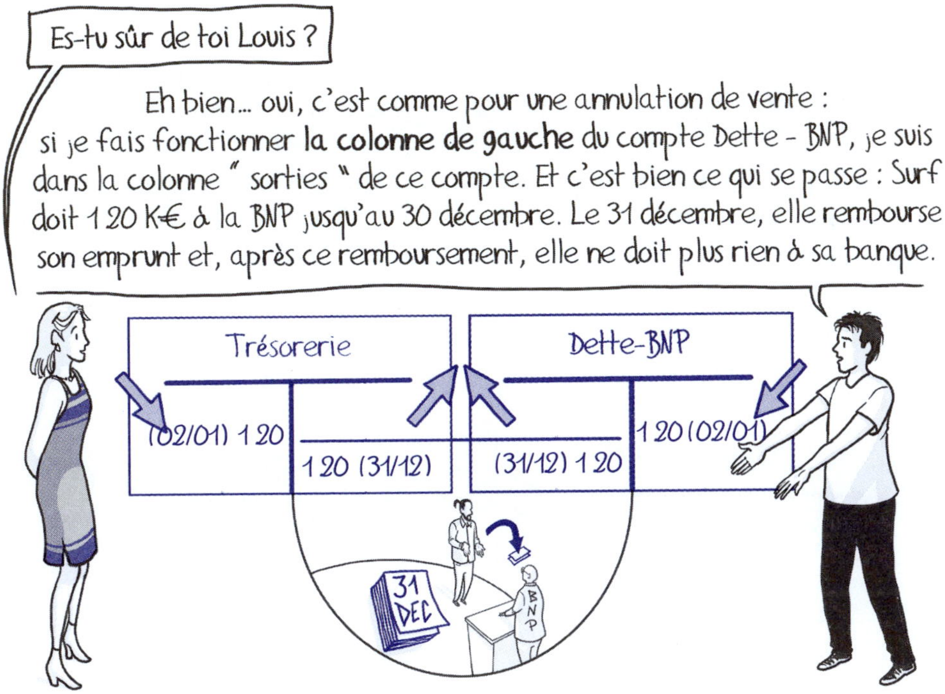

— Calcule le solde du compte Dette - BNP au 31 décembre pour vérifier ce que tu viens de dire.

— Trop facile : 120 – 120 = 0. J'ai quand même 18 ans, Maman, je sais compter ! Le compte de dette est soldé. Surf n'a donc plus de dette à l'égard de la BNP, ce qui veut dire que j'ai fait fonctionner les comptes correctement !

— Eh oui ! Maintenant que tu as compris le remboursement d'une dette sans payer d'intérêts, prenons l'hypothèse plus réaliste d'un remboursement avec 2 000 euros d'intérêts. Combien Surf doit-elle alors régler à la BNP le 31 décembre ? Je précise que le compte Trésorerie de Surf est impacté par de nombreuses autres opérations ; elle a donc plus que 120 000 euros dans ce compte.

— Hum… Surf va régler les 120 000 euros prêtés plus les 2 000 euros d'intérêts, donc 122 000 euros, répond Louis.

— Surf sort 122 000 euros de sa trésorerie à droite, précise Estelle. Elle doit donc inscrire 122 000 euros à gauche dans ses comptes pour respecter la règle de la partie double. Relisons la deuxième règle de fonctionnement des comptes : « Lorsqu'une opération ne s'équilibre pas dans les seuls comptes de situation, il faut faire jouer les comptes de gestion. » **Tu commences donc par essayer d'équilibrer ton opération à l'aide des seuls comptes de situation**. Que fais-tu ?

— Eh bien, répond Louis, je sors 122 000 euros du compte Dette - BNP :

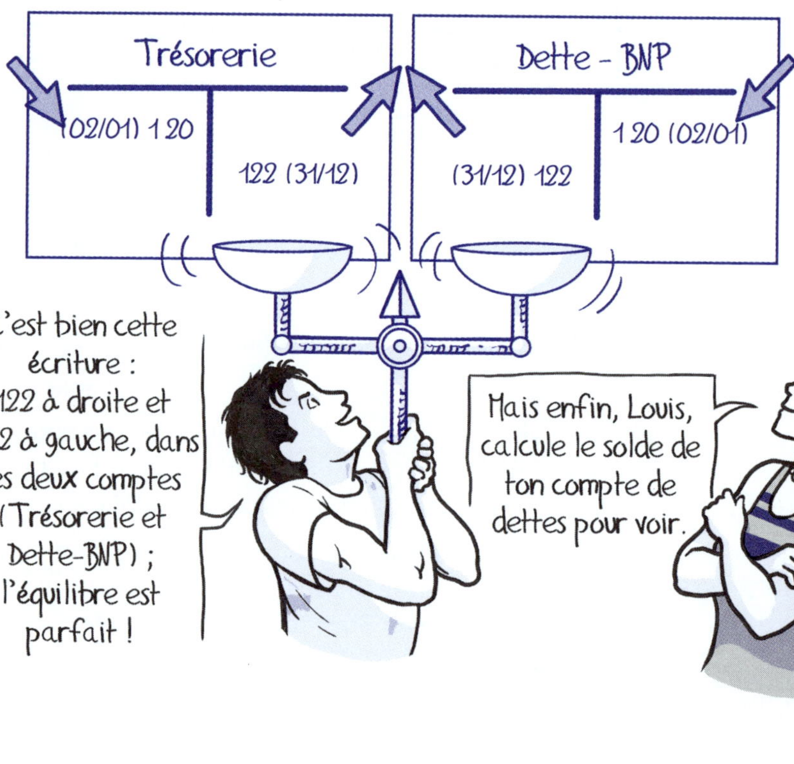

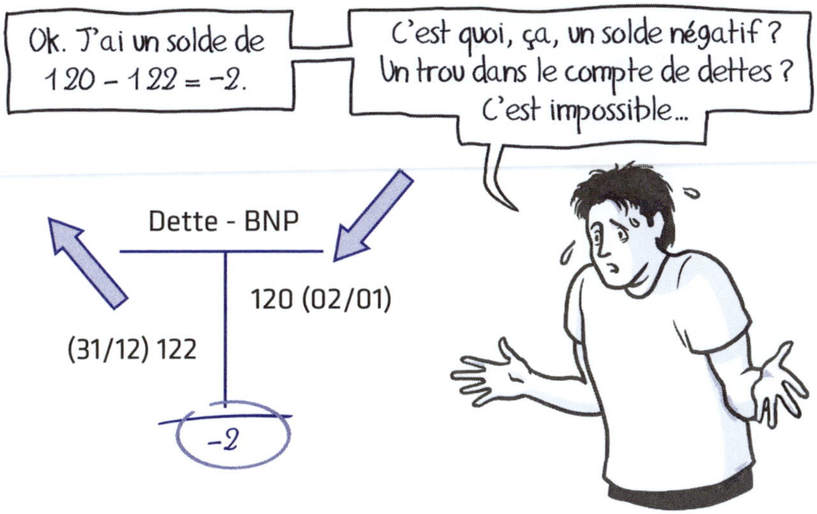

— Eh oui, tu peux au maximum sortir 120 000 euros du compte Dette - BNP, explique Estelle. Donc ton opération ne s'équilibre pas dans les seuls comptes de situation puisque tu as 122 à droite du compte Trésorerie et 120 à gauche du compte Dette - BNP. Alors, que faire ? Tu vois bien qu'il manque 2 à gauche.

— Je fais jouer un compte de gestion pour l'écart de 2 ! Je peux l'appeler « écart pour équilibrer » afin de me souvenir qu'il doit « équilibrer » les montants inscrits à droite et à gauche dans les comptes ?

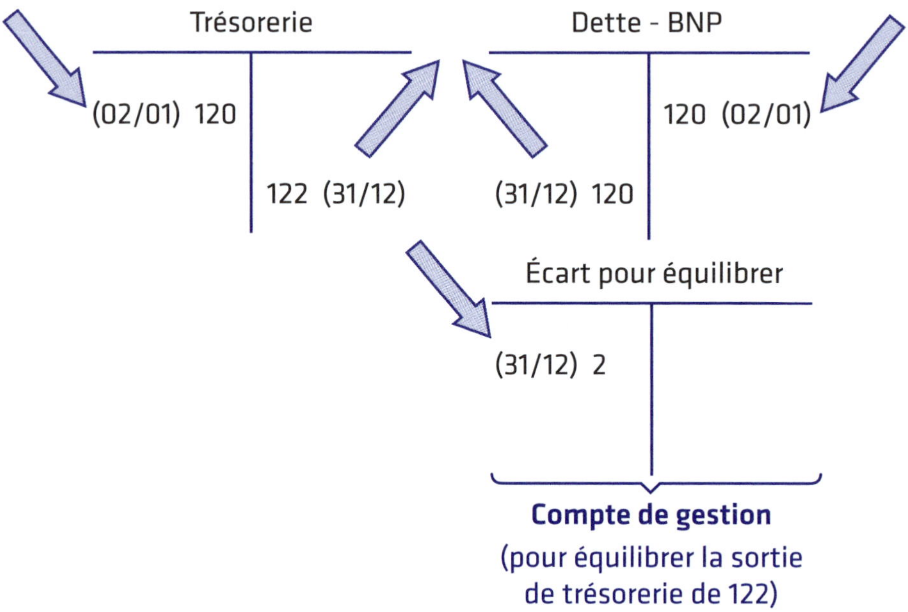

— C'est parfait Louis d'avoir inscrit l'« écart pour équilibrer » à gauche d'un compte de gestion. Allons plus loin ; je te rappelle que les comptes de gestion sont soit des comptes de charges, soit des comptes de produits. Les comptes de charges ont des entrées à gauche et les comptes de produits ont des entrées à droite. Ici, le compte de gestion que tu viens de créer est-il un compte de charges ou un compte de produits ?

Louis regarde le compte de gestion.

— Il a fonctionné à **gauche**, donc c'est un compte de **charges**, répond Louis.

— Et si on veut aller plus loin, comment cette charge peut-elle s'appeler ? demande Estelle.

— Surf a payé 2 000 euros d'intérêts. Peut-on l'appeler « Intérêts » ?

— Tout à fait, Louis. Reprends les comptes qui jouent le 31 décembre. D'abord tu remarques qu'il y en a trois. En effet, le respect de la règle de la partie double conduit à faire jouer :

- à gauche, le compte Trésorerie pour 122 ;
- à droite, comme comptes explicatifs, le compte Dette - BNP pour 120 **ET** le compte Charges (plus précisément, le compte Intérêts) pour 2, pour aboutir à un total de 122.

— Dans notre exemple, poursuit Estelle, **l'explication** de la sortie de trésorerie se trouve éclatée dans **deux comptes** : un compte de dettes (compte de situation) et un compte de charges (compte de gestion). Et maintenant, tu peux constater toi-même que les écritures comptables traduisent bien la réalité.

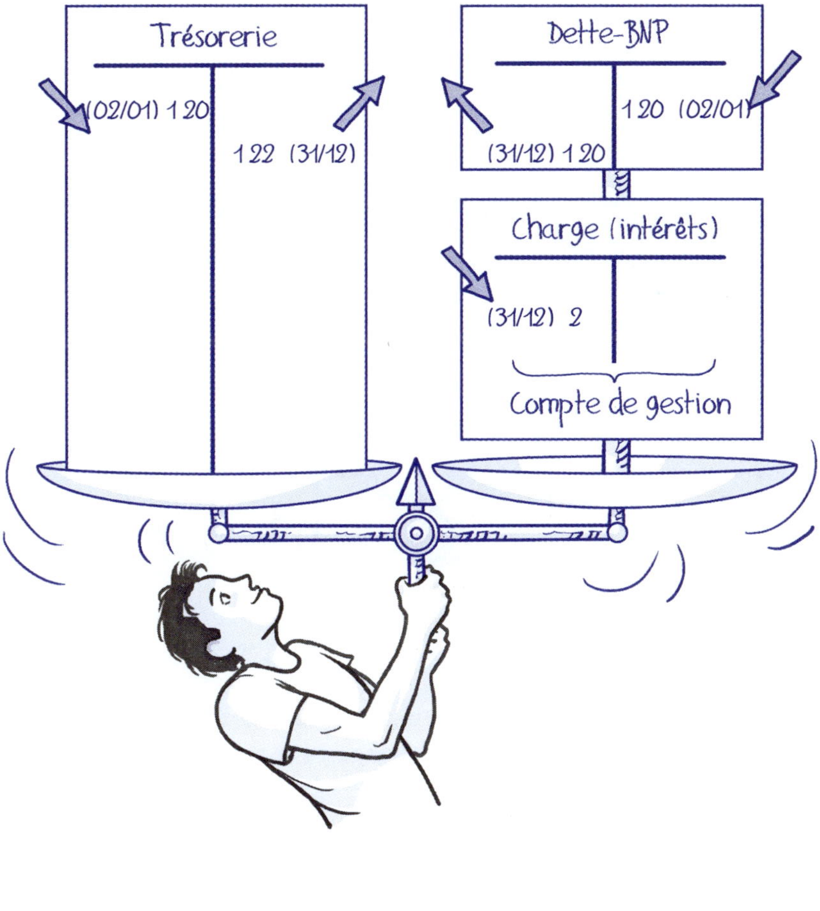

— Tu observes, Louis, que le décaissement du 31 décembre, d'un montant de 122 000 euros, permet de rembourser la dette (solde du compte Dette - BNP = 0) et de régler une charge de 2 000 euros qui correspond aux intérêts payés à la BNP. Approfondissons la nature des intérêts : c'est le prix payé par Surf pour le service rendu par sa banque, qui consiste à mettre à sa disposition 120 000 euros de liquidités pendant un an. Les intérêts correspondent bien à une « consommation définitive » : l'argent qui a servi à les payer ne sera jamais rendu à Surf. Tu as donc raison de faire jouer un compte de gestion pour les intérêts.

Louis hoche la tête ayant bien suivi et compris le raisonnement de sa mère. Estelle résume ensuite les grandes étapes permettant d'appliquer la deuxième règle de fonctionnement des comptes.

1. Regarder si l'opération s'équilibre à l'aide des seuls comptes de situation.

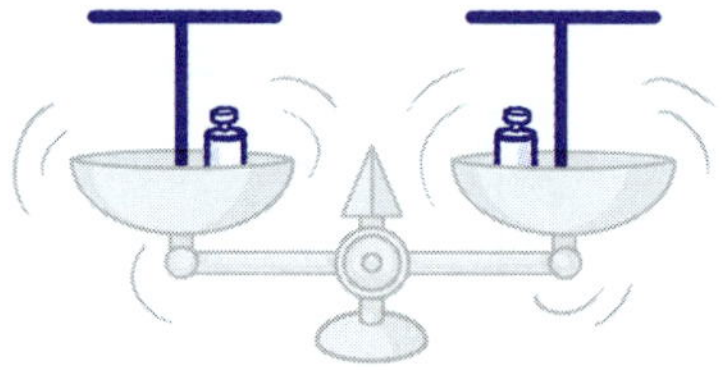

2. Si oui : s'arrêter.
3. Si non : continuer et **mettre l'écart** (ici les intérêts) dans un **compte de gestion**.

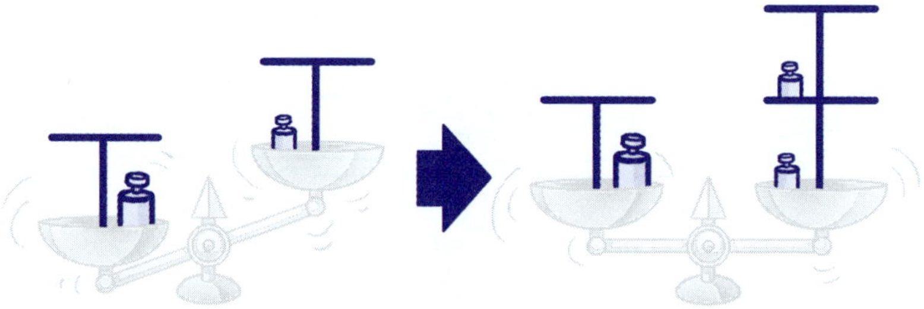

4. Donner un nom à ce compte de gestion : est-ce une charge ou un produit ? **S'il fonctionne à gauche, c'est une charge ; s'il fonctionne à droite, c'est un produit.**
5. Préciser le nom de la charge ou du produit en regardant le plan de comptes (voir chapitre 5).

On peut schématiser le raisonnement qui permet d'appliquer facilement la deuxième règle de fonctionnement des comptes :

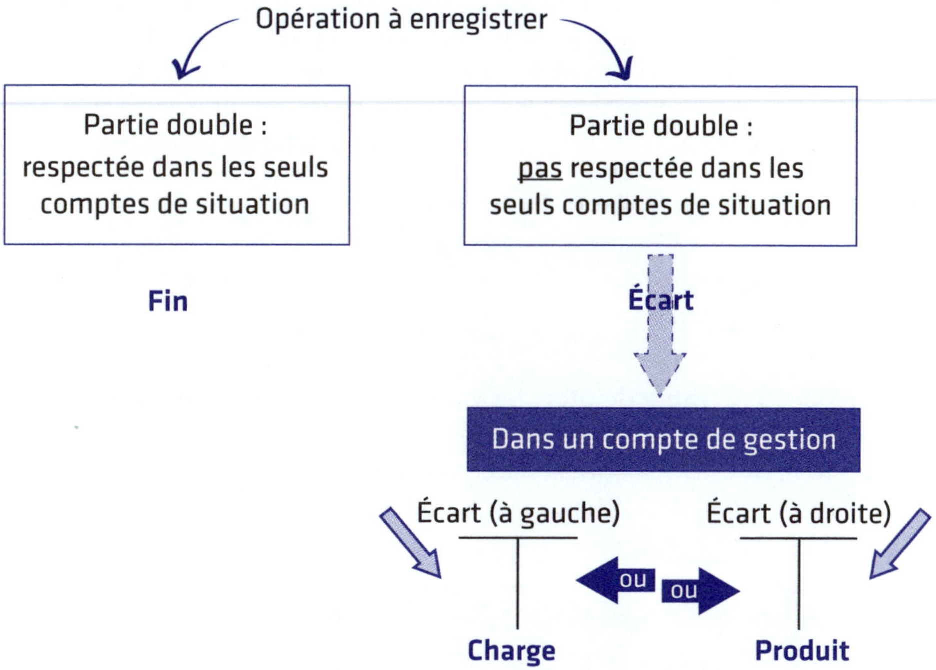

— Je t'ai déjà dit que le compte de trésorerie était un compte de situation, précise Estelle. Tu peux maintenant comprendre pourquoi. En effet, c'est par le compte Trésorerie que commence tout le raisonnement comptable. C'est donc par lui que débute l'application de la règle « situation/gestion » qui précise : lorsqu'une opération ne s'équilibre pas dans les seuls comptes de situation, il faut faire jouer les comptes de gestion. **Le premier compte que l'on regarde**, qui est le compte Trésorerie comme je te l'explique depuis le chapitre 1, **est donc un compte de situation**.

3.3 Comptes Clients

Maintenant, Estelle veut avancer sur le mode de paiement des opérations. Les opérations sont payées :

- soit **tout de suite** : on dit que ce sont des opérations « **au comptant** ». Le paiement est immédiat ;
- soit **plus tard** : on dit que ce sont des opérations « **à crédit** » ou « à terme » (les deux mots s'utilisent). On dit aussi que ce sont des opérations à paiement différé.

— Le « **terme** » d'une opération à crédit est **sa date de règlement**, explique Estelle. En effet, quand on dit « mettre un terme » à une action, c'est qu'on va l'achever. De même, une opération à crédit s'achève lorsque son terme arrive et qu'elle est payée. On parle aussi d'« échéance » pour sa date de paiement : quand une opération à crédit arrive à échéance, elle doit être réglée.

Opération	Fin du délai de paiement
À CRÉDIT = **À** TERME	L'ÉCHÉANCE = **LE** TERME

— Reprenons l'exemple de Surf. Le 2 mai, elle vend deux longboards à un particulier, M. Champion. La vente s'élève à 150 × 2 = 300 euros. **Elle est effectuée le 2 mai, quelle que soit sa date de paiement**.

— M. Champion part avec deux longboards même s'il n'a pas payé ? C'est curieux non ? s'étonne Louis.

— Non, Louis, c'est tout à fait normal. Surf va fournir les deux longboards à M. Champion puisqu'il vient de les acheter. Elle va également **émettre une facture le 2 mai**, que la vente soit réglée tout de suite ou plus tard. Si l'opération est au comptant, Surf indique sur la facture que la vente faite à M. Champion est d'un montant de 300 euros, suivi de la mention « Montant payé : 300 € », puis de la mention « Montant dû : 0 € ». Si, en revanche, l'opération est à crédit, M. Champion ne paie pas tout de suite. Surf indique sur la facture que

M. Champion doit encore la payer : le montant de la vente de 300 euros effectuée par Surf est suivi de la mention « Montant dû : 300 € ». Si l'opération est au comptant, tu sais depuis longtemps comment elle est enregistrée.

— Essayons maintenant de comprendre comment se répercute cette vente dans les comptes de Surf si elle est à crédit, poursuit Estelle.

— Ou à terme, précise Louis, content d'avoir retenu ce mot.

— De quelle information as-tu besoin pour pouvoir aller jusqu'au bout de ton raisonnement dans le cas d'une vente à crédit ?

— Heu… Ah ! Il faut que je connaisse la date de son paiement.

— Exact, répond Estelle. Surf consent à son client un délai de paiement jusqu'à la fin du mois. M. Champion paiera donc son achat le 31 mai ; le « terme » (ou l'échéance) de cette vente sera donc le 31 mai. Louis, quel est celui des deux comptes utilisés pour l'opération au comptant (compte Trésorerie et compte Ventes) que tu ne peux pas faire fonctionner le 2 mai, puisque l'opération ne sera payée que le 31 mai ?

— Hum…

— Si tu fais jouer le compte Trésorerie le 2 mai, tu ne retraces pas la réalité de l'opération. En effet, Surf n'a rien rentré dans sa trésorerie le 2 mai alors qu'elle a bien effectué la vente à cette date.

— Mais bien sûr, rétorque Louis, le compte Trésorerie ne peut pas jouer le 2 mai car M. Champion ne règle pas son achat tout de suite. Donc, **le 2 mai, je vais conserver le compte Ventes**, avec une entrée à droite, puisque Surf réalise son chiffre d'affaires de 300 euros dès cette date-là.

— Très bien, Louis. Le chiffre d'affaires de 300 euros est effectivement à enregistrer dans la comptabilité de Surf le 2 mai : il y aura bien, dans son compte Ventes, 300 euros inscrits à droite de ce compte.

— Et 300 euros à gauche, ailleurs, dans un autre compte, pour respecter la règle de la partie double, s'exclame Louis, qui dessine alors deux comptes.

— Mais comment s'appelle ce nouveau compte, Maman ?

— Je te donne un indice, Louis, dit Estelle. Ce nouveau compte *remplace* l'entrée de trésorerie, **en attendant** que l'argent arrive le 31 mai.

— Ce compte existe donc dans l'ATTENTE du paiement du 31 mai, reprend Louis.

— Effectivement ! Ce compte, qui *remplace* le compte Trésorerie le 2 mai (jour de la vente), s'appelle un « **compte d'attente** ».

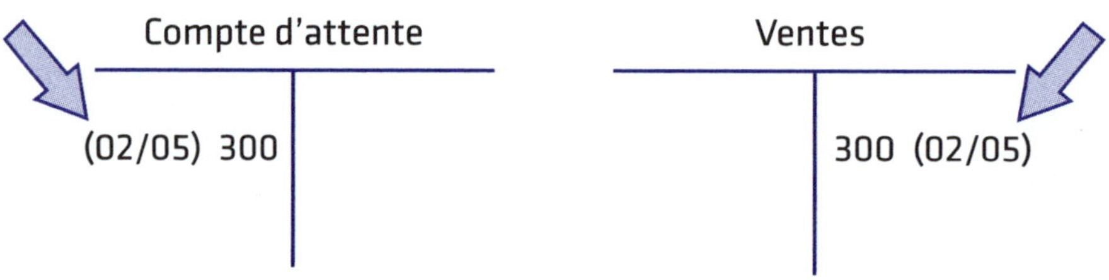

— Mais « compte d'attente », ce n'est pas très précis comme nom, remarque Louis.

— Comme toujours en comptabilité, reprend Estelle, tu ne dois pas improviser pour trouver le nom d'un compte. Il faut que tu comprennes la réalité de la transaction que tu veux retranscrire dans les comptes. Ici, tu veux enregistrer une opération à paiement différé, qui sera payée le 31 mai.

La question à te poser dans une opération à crédit est la suivante : **quel est le tiers qui est en relation avec l'entreprise du fait de cette opération ?** Nous avons pris l'exemple d'une vente de longboards effectuée par Surf. Le **tiers** avec lequel l'entreprise Surf est en relation du fait de cette vente est son **client**, M. Champion.

— J'ai compris : le compte d'attente est ici le compte Clients. C'est lui qui entre en jeu dans le cas d'une vente à crédit.

— Et le compte Clients, précise Estelle, reste dans les comptes de Surf tant que le paiement de son client n'est pas intervenu : il est donc **en attente** de ce paiement.

— Alors, à la date du règlement, le compte Clients disparaîtra ?

— C'est ça ! Et puisque le **compte Clients** n'est que **temporaire**, c'est donc un **compte de situation** (comme le compte Trésorerie qu'il remplace).

Louis dessine, sûr de lui, les deux comptes qui fonctionnent le 2 mai :

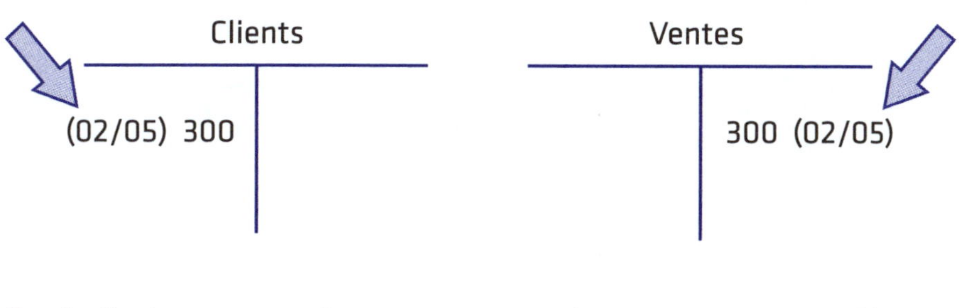

— Louis, j'attire ton attention sur une erreur à ne pas commettre. Si tu avais conservé le 2 mai le compte Trésorerie (au lieu du compte Clients que tu connais maintenant), tu n'aurais pas retracé la réalité dans les comptes puisque Surf n'a rien reçu en trésorerie à cette date. En revanche, le 2 mai, elle a bien vendu deux longboards : le compte Ventes apparaît donc, à juste titre, dans sa comptabilité.

— C'est bon alors ! s'exclame Louis, assez content de lui.

— Écoute bien la suite de mon explication. Le compte Clients **remplace** une entrée de trésorerie, qui aurait été inscrite à **gauche** du compte Trésorerie si le client avait payé tout de suite. Le compte Clients est donc mouvementé à **gauche**, comme le compte Trésorerie **puisqu'il prend sa place.**

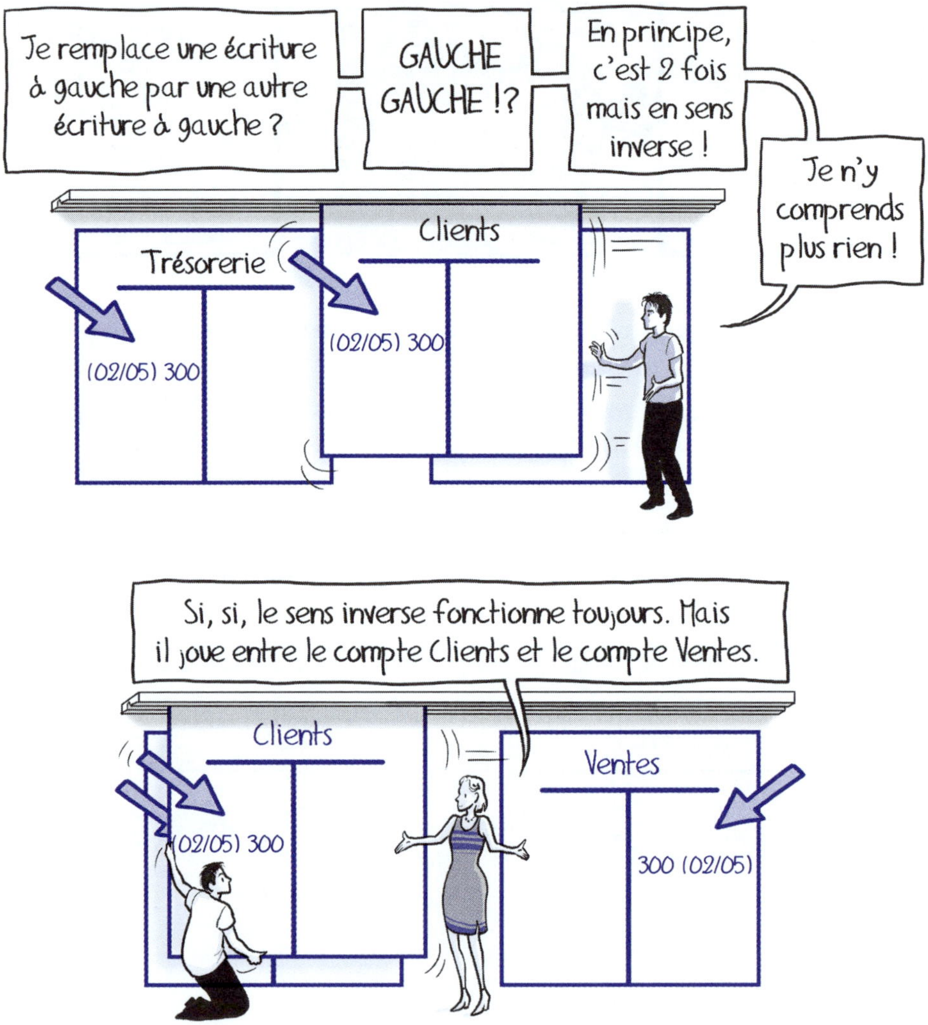

— Le compte explicatif du compte Clients (qui vient d'arriver dans la comptabilité le 2 mai) reste le compte Ventes, qui fonctionne avec les entrées à droite comme tu le sais Louis. La **gauche** du compte Clients et la **droite** du compte

Ventes respectent bien la règle de la partie double : l'opération de vente est enregistrée deux fois et en sens inverse, le 2 mai. En revanche, quand je t'explique que le 2 mai le compte Clients **remplace** le compte Trésorerie, il convient de remplacer une écriture à **gauche** dans le compte Trésorerie (qui ne doit pas jouer car la vente n'est pas encaissée le 2 mai) par une autre écriture à **gauche** dans le compte Clients… S'il n'y avait pas une écriture à gauche du compte Clients le 2 mai, la partie double ne pourrait pas être respectée avec le compte Ventes (qui fonctionne à droite). Et tu as bien un compte de situation (le compte Clients) qui joue avec un compte de gestion (le compte Ventes).

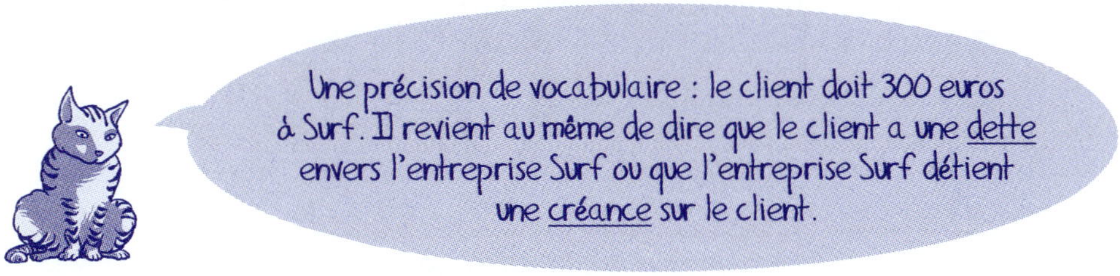

— Ainsi, pour Surf, le compte Clients enregistre la créance qu'elle détient sur M. Champion, conclut Estelle. Autrement dit, le compte Clients enregistre une catégorie de **créances**. Ces créances sont engendrées par les ventes à crédit effectuées par Surf ; elles disparaîtront quand les clients régleront l'entreprise Surf. Et maintenant, Louis, projette-toi au 31 mai : M. Champion règle son achat du 2 mai. Essaie toujours de voir si le compte Trésorerie de Surf entre en jeu…

— Eh oui, le compte Trésorerie enregistre, le 31 mai, une entrée de cash de 300 euros ; il fonctionne donc à **gauche**, claironne Louis.

— Louis, dit Estelle, reprends les deux comptes qui ont joué le 2 mai et le compte Trésorerie qui entre en jeu le 31 mai. À cette date, la trésorerie a une entrée à gauche ; il te manque le compte explicatif, qui doit jouer à droite pour refléter cette entrée de trésorerie.

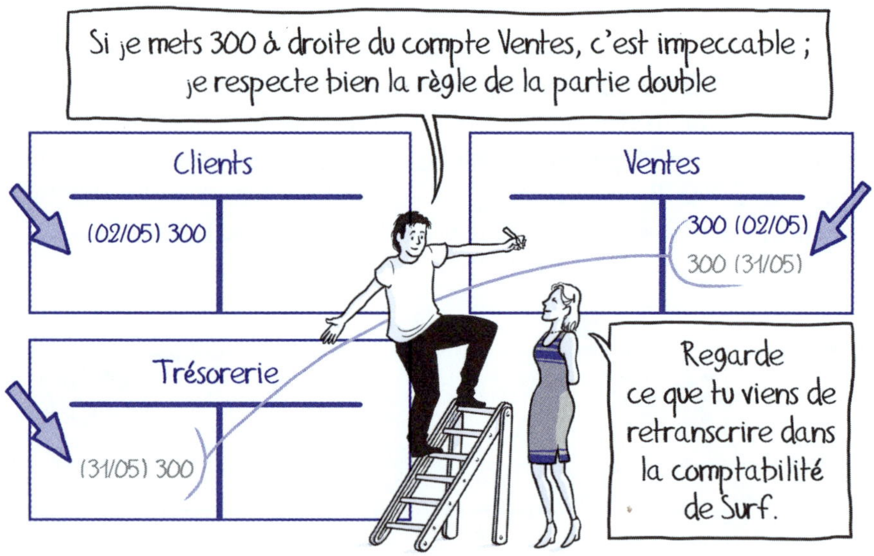

— Louis, tu as certes respecté la règle de la partie double mais tu ne traduis pas, dans les comptes de Surf, la réalité de l'opération. Dans les trois comptes, au 31 mai, tu as inscrit :

- des ventes pour un total de 600 euros ;
- un montant de 300 euros dans le compte Clients, ce qui veut dire que M. Champion doit encore payer ce montant à Surf ;
- une entrée de trésorerie de 300 euros.

— Ce n'est pas du tout la réalité au 31 mai après le règlement de M. Champion… soupire Louis.

— Je ne te le fais pas dire. Qu'est-ce qui ne colle pas dans ces trois comptes ?

Louis regarde les comptes. En fait, rien ne colle sauf la trésorerie. En effet, le 31 mai, les ventes s'élèvent à 300 euros (et non à 600 euros) et le client ne doit plus rien. En revanche, il y a bien une entrée de trésorerie de 300 euros. Le compte Trésorerie est donc le seul correct.

— Si au lieu de mettre 300 euros à droite du compte Ventes, tu mets 300 euros à droite du compte Clients, regarde ce que cela donne.

Louis retrace les comptes.

« Le 31 mai, M. Champion ne doit en effet plus rien », songe Louis. « Logique que le compte Clients, qui reprend la dette due par M. Champion à Surf, soit ramené à zéro après son paiement. Et, le 31 mai, il reste deux comptes non soldés ».

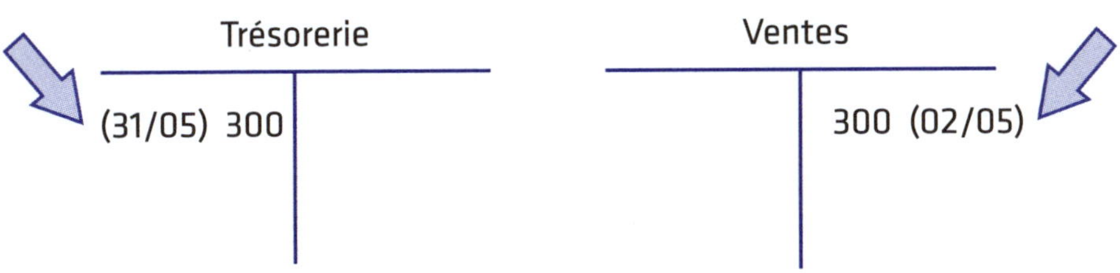

— Ces deux comptes veulent bien dire que, le 31 mai, il y a une vente de 300 euros qui est payée… Normal, conclut Louis, le délai de paiement est passé.

— Mais, souligne Estelle, observe que les deux dates ne sont pas les mêmes dans les deux comptes qui restent non soldés.

— Ah oui ! Mais peux-tu m'expliquer un peu plus ce point ?

— Après le paiement des 300 euros par M. Champion le 31 mai, les trois comptes reflètent bien la réalité :

- le client ne doit plus rien (compte Clients à zéro) ;
- le compte Trésorerie, qui vient d'entrer en jeu, a une entrée de 300 ;
- cette entrée de 300 en trésorerie s'explique par une vente, réalisée le 2 mai mais encaissée seulement le 31 mai.

Le 31 mai, Louis, compare l'enregistrement d'une vente de 300 euros payée au comptant (donc le 2 mai) et une vente de 300 euros toujours effectuée le 2 mai mais encaissée le 31 mai. Tu observes que l'enregistrement est identique à un détail près : la différence de date dans la trésorerie.

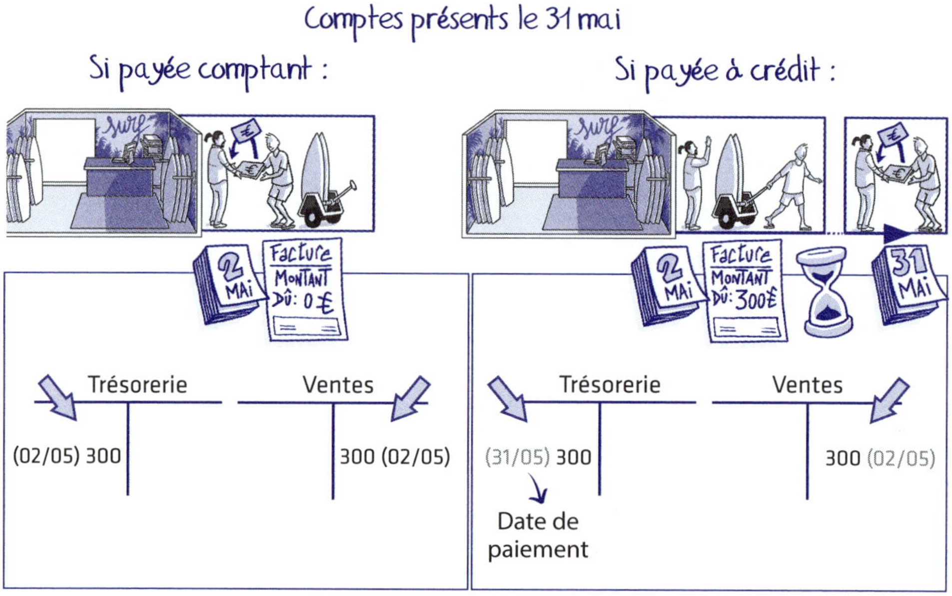

Louis regarde les comptes.

— Dans les deux hypothèses, il n'y a pas de compte Clients le 31 mai : ce compte, qui apparaît seulement lors d'une vente à crédit, est soldé à cette date. Et il y a les deux mêmes comptes non soldés et mouvementés de la même manière : Trésorerie et Ventes.

— Oui, répond Estelle, c'est normal que les comptes soient mouvementés de la même manière une fois le délai de paiement écoulé. En effet, le 31 mai, dans l'hypothèse d'une vente à crédit, Surf se retrouve dans la même situation que si elle avait effectué une vente au comptant : à l'échéance, la vente est réalisée **ET** le paiement est encaissé. Pour suivre l'opération à crédit dans la comptabilité, rappelle Estelle, dès la date de la vente et jusqu'à la date de son règlement, on glisse **un compte d'attente qui disparaîtra le jour du paiement**. Au comptant, la date de l'encaissement et celle de la réalisation de la vente sont identiques ; **à crédit, la date de la vente est antérieure à celle de l'encaissement.** Tu suis toujours ?

— Oui, à peu près ! soupire Louis.

— Tu peux vérifier que tu ne t'es pas trompé dans l'enregistrement de l'opération à crédit si tu retombes bien, à l'échéance, sur deux comptes **mouvementés comme ceux qui auraient joué dans une vente au comptant** ; seules les dates sont différentes. Pour les opérations à crédit également, ton point de repère reste le cash. Dès lors, tu dois commencer par visualiser l'impact que l'opération **aura** sur la trésorerie lorsqu'elle sera dénouée : tu sais que, à l'échéance, une vente se traduira par une entrée de trésorerie à **gauche**. Donc le compte d'attente doit fonctionner à **gauche**, puisqu'il remplace temporairement le compte Trésorerie.

3.4 Comptes Fournisseurs

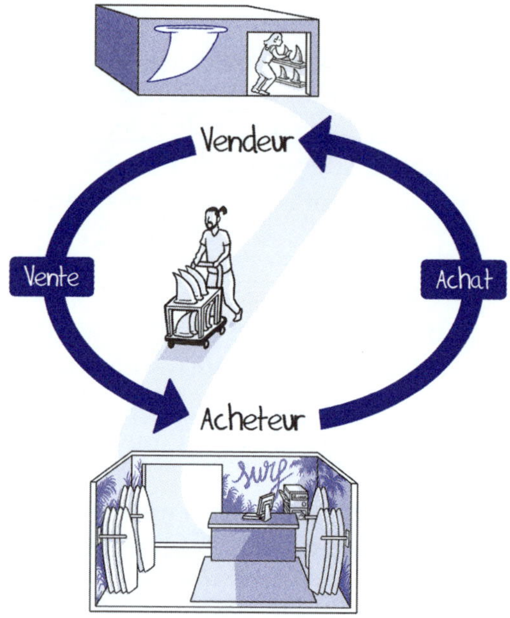

— Louis, reprenons l'exemple de Surf qui va chercher, le 5 mai, des ailerons chez son fournisseur, l'entreprise Wing. Ces ailerons sont, pour Surf, des pièces de rechange car ils peuvent être endommagés sur les longboards vendues. Ces pièces de rechange sont rapidement utilisées : ce sont donc des charges.

L'achat, réalisé le 5 mai par Surf, s'élève à 800 euros. **Une facture est donc émise par Wing le 5 mai**, que le règlement soit immédiat ou différé.

Si l'opération est au comptant, Wing indique sur la facture que l'achat de Surf est d'un montant de 800 euros, suivi de la mention « Montant payé : 800 € », puis de la mention « Montant dû : 0 € ». Si Surf ne paie pas tout de suite, Wing indique sur la facture que Surf doit encore la payer : le montant de l'achat de 800 euros est suivi de la mention « Montant dû : 800 € ».

— Si l'opération est au comptant, dit Louis, je sais comment elle est enregistrée chez Surf :

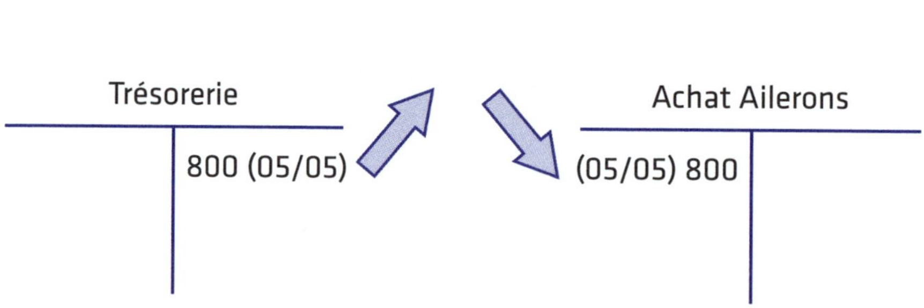

— Louis, essaye maintenant de voir comment se répercute cet achat d'ailerons dans les comptes de Surf s'il est à crédit, poursuit Estelle. De quelle information as-tu besoin pour pouvoir aller jusqu'au bout de ton raisonnement ?

— De la date de paiement, répond Louis.

— Exact. Surf a obtenu de son fournisseur Wing un délai de paiement de onze jours. Elle paiera donc son achat le 16 mai. Louis, quel est celui des deux comptes utilisés pour l'opération au comptant (compte Trésorerie et compte Achat Ailerons) que tu ne peux pas faire fonctionner le 5 mai ?

— Surf a réalisé un achat mais elle n'a rien sorti de sa trésorerie, souligne Louis. Le compte Trésorerie ne peut pas jouer le 5 mai car Surf a obtenu un paiement décalé de onze jours. Donc, le 5 mai, je vais maintenir le compte Achat Ailerons avec une entrée à gauche puisque Surf fait un achat de 800 euros dès cette date-là.

— Effectivement, il y a bien 800 euros inscrits à gauche de son compte Achat Ailerons.

— Et 800 euros à droite dans un autre compte, pour respecter la règle de la partie double, indique Louis.

— Alors, comment s'appelle ce nouveau compte ? demande Louis. Il existe dans **l'attente** du paiement du 16 mai. Comme lors de la vente à crédit…

— Effectivement, Louis, ce compte – qui *remplace* le compte Trésorerie le 5 mai (jour de l'achat) – est bien un « compte d'attente ».

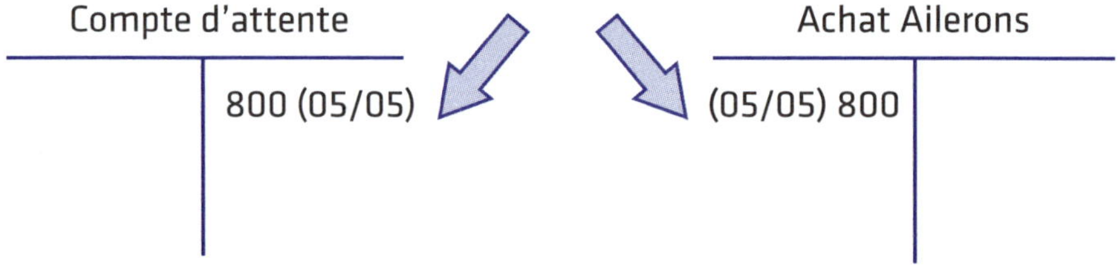

« Il faut préciser le nom de ce compte », remarque Louis en son for intérieur. « Voyons… la comptabilité doit traduire la réalité de cette opération. Ici, j'ai une opération à paiement différé. Maman m'a dit la dernière fois que la question à se poser dans une opération à crédit était : **quel est le tiers qui est en relation avec l'entreprise du fait de cette opération ?** Là, c'est Surf qui a acheté des ailerons. Le **tiers** avec lequel Surf est en relation est le **fournisseur Wing** ».

— Le compte d'attente est donc ici le **compte Fournisseurs**, continue Louis. C'est lui qui entre en jeu dans le cas d'un achat à crédit. Et il existe tant que le paiement au fournisseur (ici l'entreprise Wing) n'est pas intervenu : il existe donc **en attente** de ce paiement. À la date du règlement de Wing par Surf, le compte Fournisseurs disparaîtra.

— Très bien raisonné, Louis ! Et puisque le **compte Fournisseurs** n'est que **temporaire**, c'est donc bien un **compte de situation** (comme le compte Trésorerie qu'il remplace).

Louis dessine, sans hésitation, les deux comptes qui fonctionnent le 5 mai :

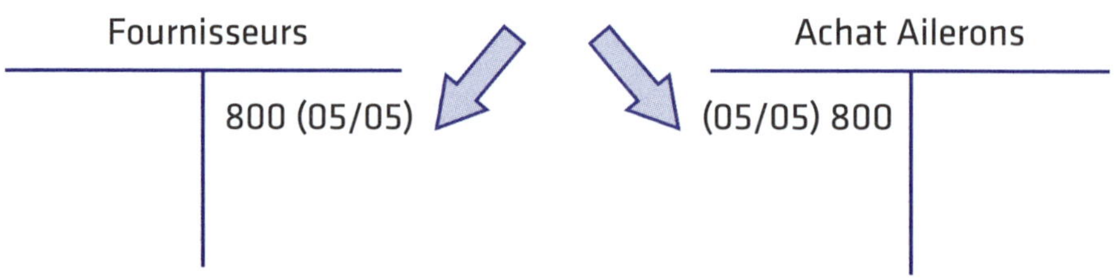

— Je vais reprendre – comme pour la vente à crédit – l'erreur à ne pas commettre, souligne Estelle. Si tu avais conservé le 5 mai le compte Trésorerie (au lieu du compte Fournisseurs), tu n'aurais pas retracé la réalité dans les comptes de Surf car rien n'est sorti de sa trésorerie à cette date. En revanche, le 5 mai, Surf a bien acheté des ailerons : le compte Achat Ailerons apparaît donc, à juste titre, dans sa comptabilité. Le compte Fournisseurs **remplace** une sortie de trésorerie, qui aurait été inscrite à **droite** du compte Trésorerie si Surf avait payé tout de suite les ailerons achetés. Le compte Fournisseurs est alors mouvementé à **droite**, comme le compte Trésorerie **puisqu'il prend sa place.**

— Le sens **inverse** fonctionne là encore, précise Estelle. Il joue entre le compte Fournisseurs et le compte Achat Ailerons. Le compte explicatif du compte Fournisseurs (qui vient d'arriver dans la comptabilité le 5 mai) reste le compte Achat Ailerons. La droite du compte Fournisseurs et la gauche du compte Achat Ailerons respectent bien la règle de la partie double. En revanche, quand je t'explique que, le 5 mai, le compte Fournisseurs **remplace** le compte Trésorerie, il convient de remplacer une écriture à **droite** dans le compte Trésorerie (qui ne doit pas jouer car l'achat n'est pas décaissé le 5 mai) par une autre écriture à **droite** dans le compte Fournisseurs.

— La règle de la partie double est donc bien respectée avec le compte Achat Ailerons qui fonctionne à gauche, complète Louis content d'avoir compris. Et j'ai bien un compte de situation (le compte Fournisseurs) qui joue avec un compte de gestion (le compte Achat Ailerons).

— Encore un point d'attention, Louis. Une colonne « sorties » du compte Trésorerie (à droite) est remplacé par une colonne « entrées » du compte Fournisseurs (à droite).

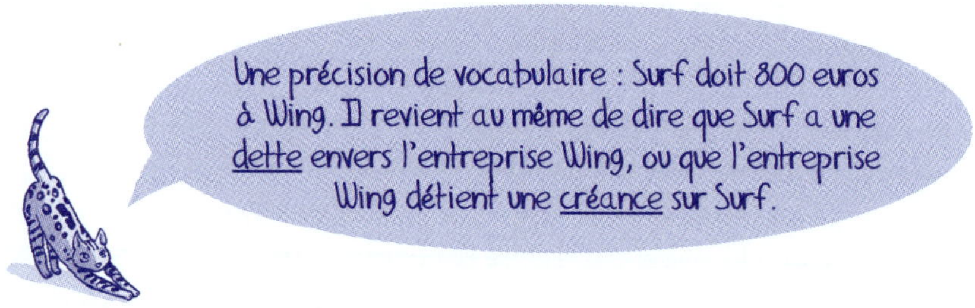

— Dans la comptabilité de Surf, le compte Fournisseurs enregistre la dette que Surf a envers Wing, explique Estelle. Autrement dit, le compte Fournisseurs enregistre une catégorie de **dettes**. Ces dettes sont engendrées par les achats à crédit effectués par Surf et disparaîtront quand celle-ci réglera ce qu'elle doit à ses fournisseurs. Et maintenant, projette-toi au 16 mai : Surf règle son achat d'ailerons du 5 mai. Essaie de voir si le compte Trésorerie entre en jeu.

— Eh oui, le compte Trésorerie enregistre une sortie de 800 euros le 16 mai et fonctionne à **droite**, claironne Louis.

— Reprends les deux comptes qui ont joué le 5 mai et le compte Trésorerie qui entre en jeu le 16 mai. À cette date, la trésorerie a une sortie à droite ; il te manque le compte explicatif – qui doit jouer à gauche – pour refléter cette sortie de trésorerie.

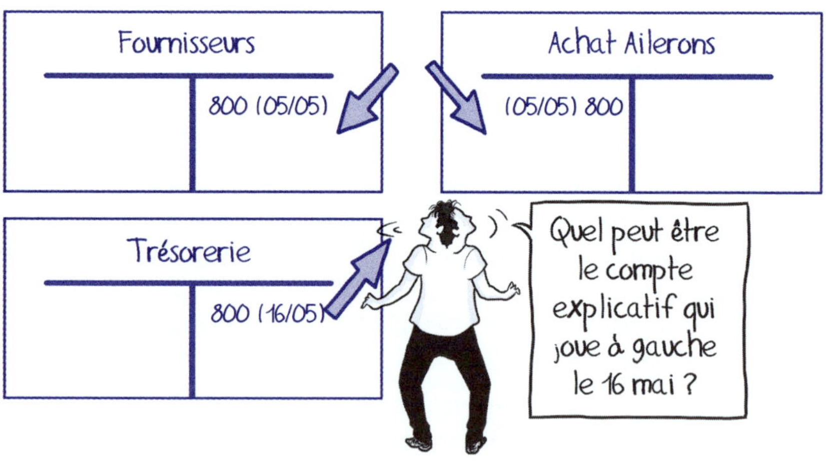

« L'achat d'ailerons s'élève à 800 euros et Surf ne doit plus rien à l'entreprise Wing », songe Louis. « Et il y a une sortie de trésorerie de 800 euros ».

— Mets 800 euros à gauche du compte Fournisseurs et regarde ce que ça donne, suggère Estelle.

Louis trace les trois comptes :

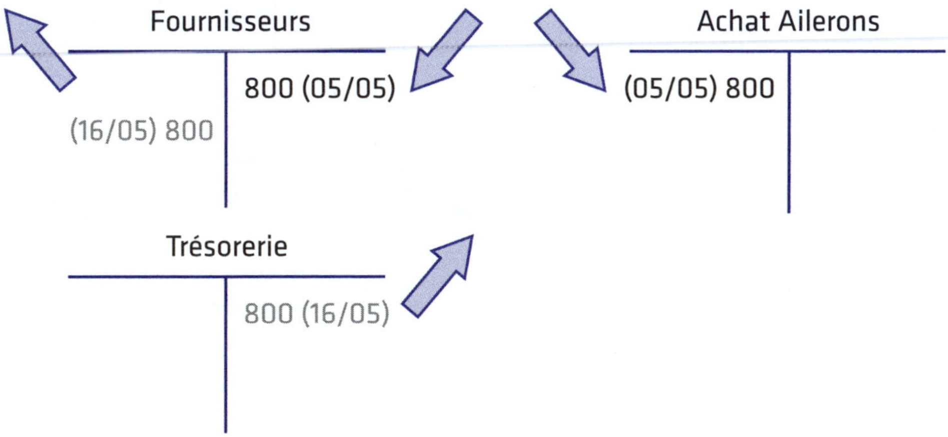

— Le compte Fournisseurs a un solde de zéro, n'est-ce pas Louis ? souligne Estelle.

— 800 – 800 = 0, donc c'est bon ! affirme Louis. Les deux comptes non soldés sont alors les suivants :

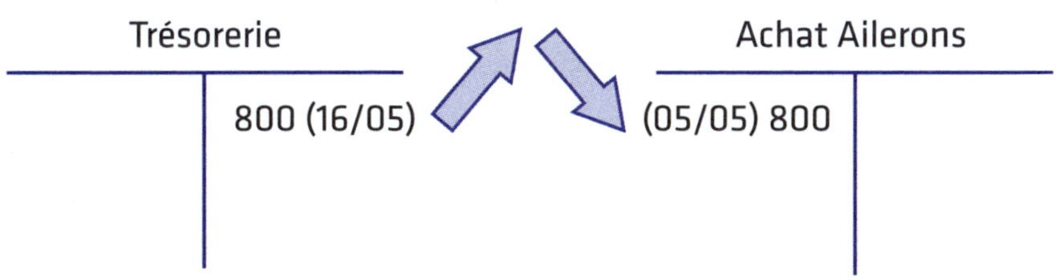

— Bravo ! Tu remarques ici aussi que, lors d'un achat à crédit, les deux dates ne sont pas les mêmes dans les deux comptes qui restent non soldés.

— Oui, comme pour la vente à crédit, complète Louis.

— Le 16 mai, compare l'enregistrement d'un achat d'ailerons de 800 euros payé au comptant (donc le 5 mai) et celui d'un achat d'ailerons de 800 euros, toujours effectué le 5 mai mais décaissé le 16 mai. Tu observes que l'enregistrement est identique à un détail près : la différence de date dans la trésorerie.

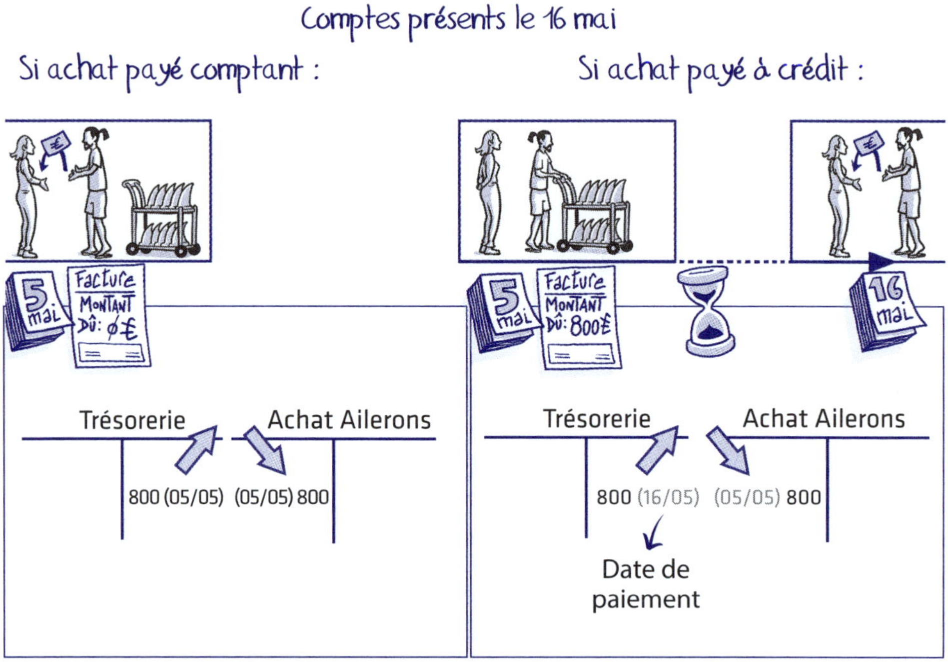

— Dans les deux hypothèses, il n'y a pas de compte Fournisseurs le 16 mai : ce compte, qui apparaît seulement lors d'un achat à crédit, est soldé à cette date. Et il y a les deux mêmes comptes non soldés et mouvementés de la même manière : Trésorerie et Achat Ailerons. Le 16 mai, dans l'hypothèse d'un achat à crédit, Surf se retrouve dans la même situation que si elle avait effectué un achat au comptant : c'est logique car, à l'échéance, l'achat est réalisé **ET** le paiement est décaissé, conclut Estelle.

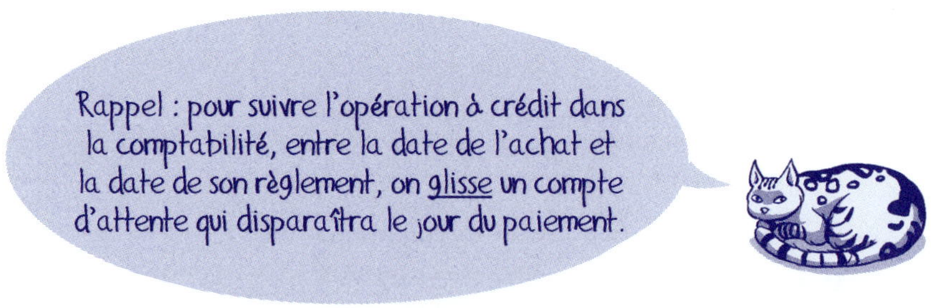

— Tu peux vérifier que tu ne t'es pas trompé dans l'enregistrement de l'opération à crédit si tu retombes bien, à l'échéance, sur deux comptes **mouvementés comme ceux qui auraient joué dans un achat au comptant**, mais avec des dates différentes, reprend Estelle. Pour les opérations à crédit également, ton point de repère reste le cash : tu sais que, à l'échance, un achat se traduira par une sortie de trésorerie à **droite.** Donc le compte d'attente doit fonctionner à **droite**, puisqu'il remplace temporairement le compte Trésorerie. Ainsi, la boussole pour te repérer dans les comptes d'attente, c'est toujours le cash !

3.5 Créances et dettes

— Je vais maintenant élargir les notions de « Clients » et de « Fournisseurs » en introduisant les mots « **créances** » et « **dettes** ».

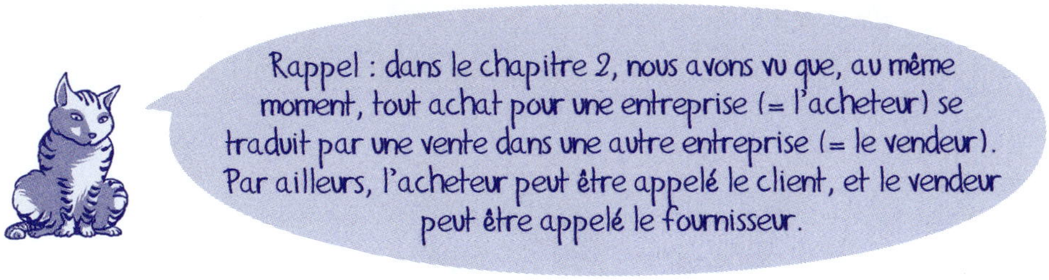

Louis est maintenant à l'aise avec ce schéma :

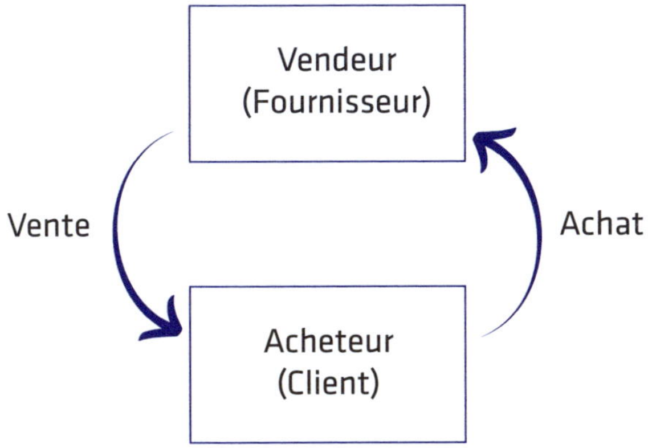

— Reprenons l'exemple de la vente des deux longboards à M. Champion. Si cette opération est à crédit, Surf détient une **créance** sur son client et M. Champion a une **dette** auprès de son fournisseur (Surf). Ainsi, au même moment, lors d'une vente à crédit effectuée par Surf, il y a une dette et une créance qui apparaissent entre l'acheteur et le vendeur.

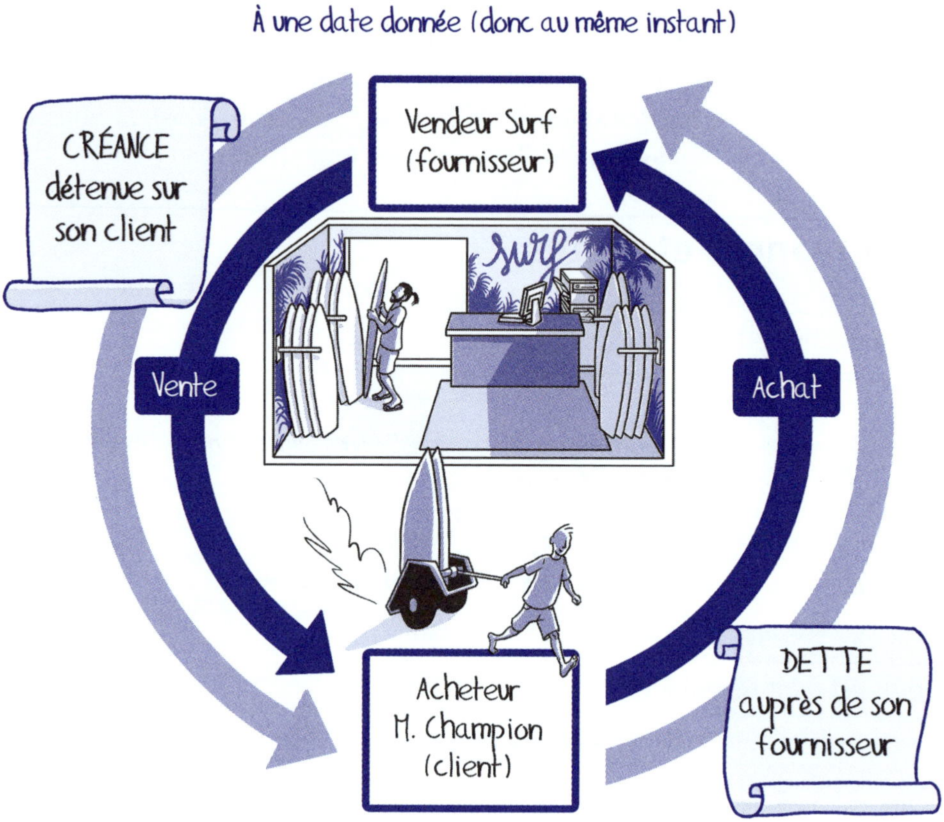

— Pour élargir le raisonnement, il est possible de dire que, pour Surf, ses comptes Clients sont une catégorie de **créances**. Et quand elle réalise des achats à crédit, ses comptes Fournisseurs sont une catégorie de **dettes.**

Conclusion

Sens de fonctionnement des comptes : complément

- Il est maintenant possible de compléter le tableau figurant à la fin du chapitre 2, dans lequel n'apparaissaient que les comptes Trésorerie, Produits et Charges. On y introduit désormais la notion de « Clients – **Créances** » et « Fournisseurs – **Dettes** ». On ajoute également les achats d'**immobilisations** qui ont, comme les charges, un impact à droite en trésorerie car il faut les payer.

Nom du compte	Sens de fonctionnement	Terme plus vaste
	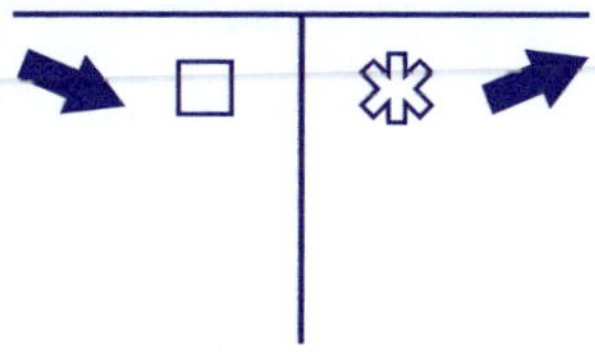	Trésorerie
	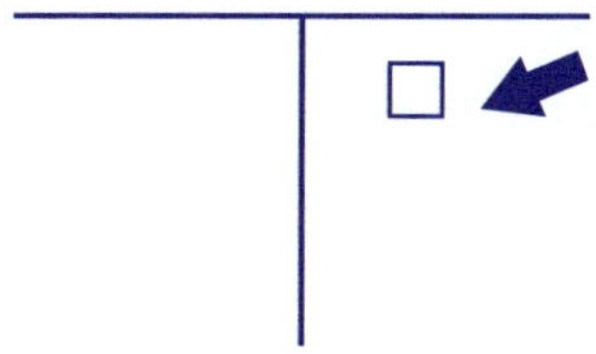	Produits
	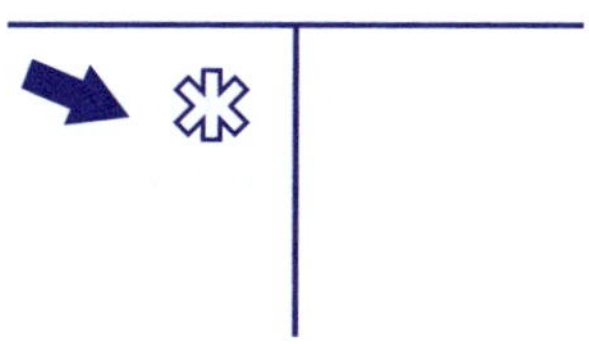	Charges Immobilisations
	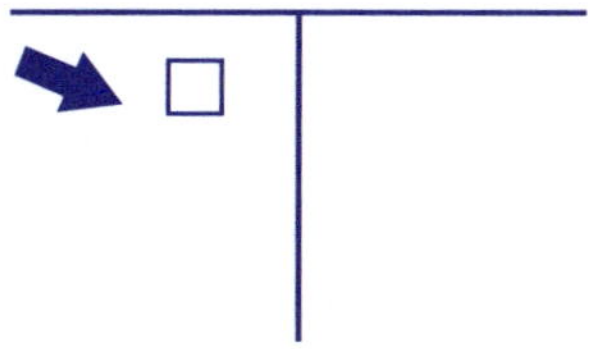	Créances
	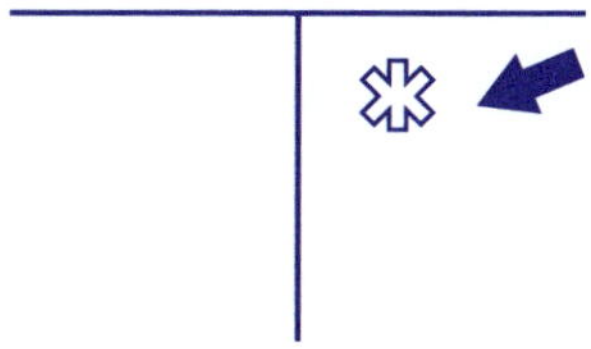	Dettes

Comptes de gestion

Une opération de vente est visualisée par un carré : □

Une opération d'achat est visualisée par une croix : ✻

- Dans ce tableau figurent tous les comptes en T qui peuvent exister dans la comptabilité d'une entreprise. Les comptes de produits et les comptes de charges sont les comptes de **gestion** ; tous les autres comptes sont des comptes de **situation**.
- Les comptes dont les entrées expliquent des entrées de trésorerie sont des comptes de RESSOURCE : ces comptes peuvent être soit définitifs (comptes de gestion), soit temporaires (comptes de situation).

  Les comptes dont les entrées expliquent des sorties de trésorerie sont des comptes d'EMPLOI : ces comptes peuvent être soit définitifs (comptes de gestion), soit temporaires (comptes de situation).
- Les comptes de « quasi ressource » font jouer les colonnes « **sorties** » des comptes d'emploi.

  Les comptes de « quasi emploi » font jouer les colonnes « **sorties** » des comptes de ressource.

Dans la partie 2, on va découvrir comment les documents de synthèse (= les états financiers) sont élaborés en fin d'année, à l'aide de tous les comptes en T qui ont fonctionné pendant l'année.

Partie 2

SYNTHÈSE

COMPTE de RÉSULTAT
BILAN

Chapitre 4 LES DOCUMENTS DE SYNTHÈSE (= LES ÉTATS FINANCIERS)

Louis à la fac

Comme on pouvait s'y attendre, Louis a pris goût à la comptabilité et s'est lancé dans des études supérieures incluant de la compta. Pour avoir une mention, il a besoin de comprendre la synthèse des comptes en T. Il se débrouille bien avec la trésorerie, les charges et les produits, puisque sa mère, Estelle, lui avait expliqué ces notions quand il avait 16 ans. En revanche, il a plus de mal avec les états financiers qui comprennent le Bilan et le Compte de Résultat. Estelle se propose de clarifier ces points.

4.1 Rappel : charges et immobilisations

— Il va falloir repartir de la trésorerie, répond Estelle. Quel est le mode de raisonnement infaillible en comptabilité ?

— **Toujours partir de la trésorerie.**

— Oui, et dans la trésorerie, les entrées sont à gauche. Quand Surf achète une photocopieuse, comment cet achat se traduit-il dans ce compte ?

— Par une sortie d'argent. Donc par une inscription à droite dans le compte Trésorerie et à gauche dans le compte explicatif, précise Louis qui connaît bien maintenant la règle de la partie double.

— Parfait. Et comment vas-tu appeler le compte explicatif ? Montre-moi les comptes qui jouent lors de l'achat d'une photocopieuse de 1 500 euros par Surf.

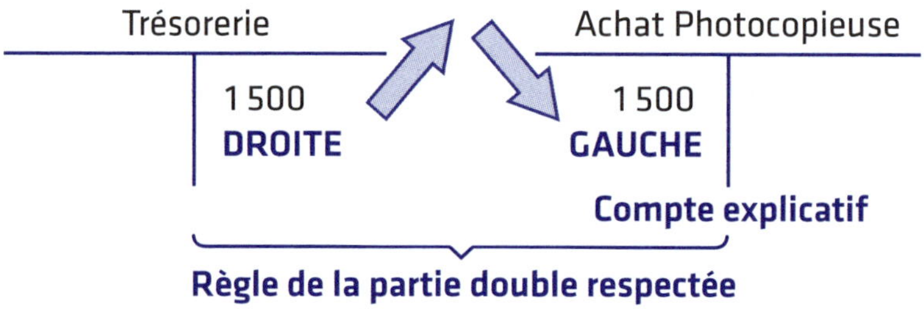

— La photocopieuse va être utilisée sur plusieurs années. Elle n'est pas consommée dans l'année : elle ne peut donc PAS être une charge, précise Estelle.

— Il y a le mot « achat » dans le compte explicatif mais ce n'est pas une charge ? souligne Louis un peu dérouté…

— Le mot « **achat** » est trompeur. Quand une entreprise acquiert une photocopieuse ou des timbres, elle fait un achat dans les deux cas. Dans les deux opérations, il y a une sortie d'argent à **droite** du compte Trésorerie et un compte explicatif mouvementé à **gauche**. Pour la photocopieuse, le compte explicatif est un compte « Achat Photocopieuse » et, pour les timbres, c'est un compte « Achat Timbres ». Dans le cas de l'achat d'une photocopieuse, cette dernière va être utilisée sur plusieurs années. En revanche, dans le cas d'un achat de timbres, ceux-ci seront « **consommés** » tout de suite (ou presque).

— Au lieu de dire que la photocopieuse est consommée « sur plusieurs années », reprend Estelle, on dit qu'elle l'est sur « plusieurs exercices » ; le mot « exercice » désigne la période comptable d'un an au cours de laquelle l'entreprise exerce son activité. Mais continuons encore un peu à utiliser le mot « année », ce sera plus simple… **Et je te rappelle que le mot plus général, employé pour dénommer un bien utilisé sur plusieurs années, est le mot « immobilisation »**.

— Et alors, dit Louis, il n'y aura pas de charge liée à l'utilisation de la photocopieuse ? C'est bizarre tout de même…

— Si, il y aura bien une charge chaque année dans les comptes. Supposons que la photocopieuse fonctionne pendant trois ans : Surf étalera sa consommation sur trois ans. Pour y arriver, elle inscrira – dans les charges de chaque année – un tiers de la valeur de la photocopieuse, afin de constater son **usure annuelle**. La charge ainsi inscrite dans les comptes de gestion s'appelle une « **dotation aux amortissements** ». Si la photocopieuse a été acquise le 2 janvier pour 1 500 euros, chaque année Surf passera une charge de 500 euros ; ces 500 euros correspondent à la **quote-part** de la photocopieuse utilisée au cours de chaque exercice. Il y aura donc 500 euros de charge pour l'année 1, puis 500 euros de charge pour l'année 2 et, enfin, 500 euros de charge pour l'année 3.

— À la fin de chaque année, Surf comptabilisera une « dotation aux amortissements » de 500 euros, résume Louis. Et au bout de trois ans, tout le prix d'achat de la photocopieuse aura été passé en charge. J'ai compris !

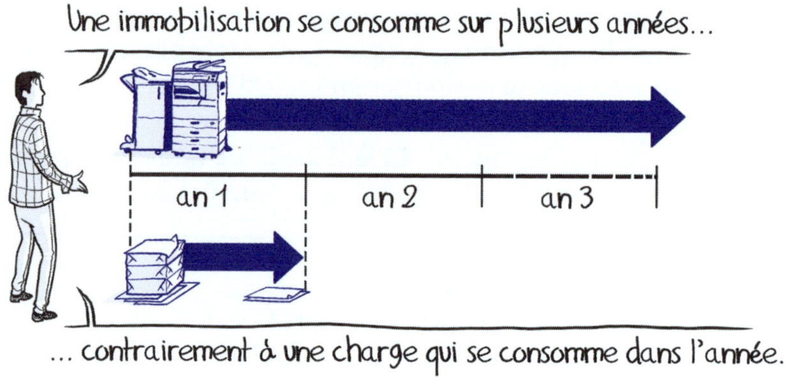

— Tu as tout compris. Tu vas l'avoir ta mention !

Louis maîtrise désormais la différence entre une immobilisation et une charge. Qu'en est-il du Bilan d'une entreprise ?

4.2 Compte de Résultat

— Avant de t'expliquer ce qu'est le Bilan, je vais te parler du Compte de Résultat, annonce Estelle. On emploie le mot « compte », comme pour les comptes en T, mais ce n'en est pas un. **Il s'agit d'un document qui regroupe, en fin d'année, toutes les charges et tous les produits : il fait la synthèse des charges et des produits de l'année**. C'est pourquoi on dit que le Compte de Résultat est un « document de synthèse ». Il faut éviter de confondre les petits comptes en T (charges et produits) et le document de synthèse qui les regroupe (le Compte de Résultat), même s'ils s'appellent tous des « comptes ». Pour éviter de tout mélanger, je te propose d'écrire Compte de Résultat avec une majuscule à **C**ompte ; et de visualiser les petits comptes à l'aide de la lettre **T**, qui a une colonne à gauche et une colonne à droite, et le document de synthèse à l'aide d'un rectangle, qui a un côté gauche et un côté droit.

Estelle prend une feuille et dessine un rectangle avec le nom du document au-dessus (et le « C » de compte en majuscule) :

Compte de Résultat	

— Le côté à gauche s'appelle « Charges » et le côté à droite s'appelle « Produits », explique Estelle.

— Mais ce sont les noms des petits comptes en T ?

— Exact, répond-elle. Et la logique est la suivante : le Compte de Résultat regroupe, en fin d'année, tous les petits comptes de charges (= comptes d'emploi) et tous les petits comptes de produits (= comptes de ressource) qui ont fonctionné pendant l'année. On met du côté gauche tous les comptes en T qui fonctionnent pendant l'année avec les entrées à gauche. Ce sont donc, comme tu le sais, les petits comptes de **charges**. Et on met du côté droit tous les comptes en T qui fonctionnent pendant l'année avec des entrées à droite…

—… c'est-à-dire les petits comptes de **produits**, complète Louis.

— Le Compte de Résultat reprend toutes les charges et tous les produits d'une année, année que nous appellerons dorénavant, dans tous nos exemples, **l'exercice N**. Il reprend le **déroulé de l'activité des douze mois** de l'exercice N : c'est en fait le « **film** » de cette activité. On peut mentionner cette notion de film – qui est dynamique – à côté du Compte de Résultat.

Compte de Résultat de l'exercice N	
Charges	Produits

— Je crois que je comprends, dit Louis.

— Reprenons l'entreprise Surf et supposons qu'elle ait vendu pour un million d'euros de produits et acheté pour 920 000 euros de charges pendant l'exercice N. Son Compte de Résultat regroupe le total des produits et le total des charges de cet exercice ; pour simplifier, j'indiquerai des K€ dans le Compte de Résultat :

Compte de Résultat de l'exercice N (en K€)	
Charges Total 920	Produits Total 1 000

— Il manque 80 000 euros à gauche pour avoir le même total des deux côtés, souligne Louis.

— Exact, reprend Estelle. La différence entre les charges et les produits est soit positive, soit négative. Ici, les produits l'emportent sur les charges : l'activité de Surf a donc généré un bénéfice de 80 000 euros. Et tu mets le bénéfice du côté le plus petit du rectangle, donc à gauche, sous les charges de l'exercice.

Louis dessine le Compte de Résultat avec le bénéfice à gauche, pour voir ce que ça donne.

Compte de Résultat de l'exercice N (en K€)			
Charges	920	Produits	1 000
Bénéfice	80		
Total	1 000	Total	1 000

Égalité des deux côtés du rectangle

— Alors on inscrit le bénéfice sous les charges pour avoir le même total des deux côtés, constate Louis.

— Tout à fait, dit Estelle. Comme dans les petits comptes en T, le bénéfice de 80 000 euros correspond au **solde** du Compte de Résultat et on l'inscrit du côté le plus petit (ici, les charges) pour avoir le même total des deux côtés (ici, un million d'euros).

— Mais si les charges l'emportent sur les produits, alors on a une perte, précise Louis.

— Louis, dit Estelle, dessine le Compte de Résultat de l'entreprise KO, qui a par exemple 400 000 euros de charges et 350 000 euros de produits.

— On égalise les deux côtés du rectangle en mettant la différence de 50 000 euros sous les 350 000 euros de produits, affirme Louis.

Compte de Résultat de l'exercice N (en K€)			
Charges	400	Produits	350
		Perte	50
Total	400	Total	400

— En effet, répond Estelle. On met le bénéfice sous les charges et la perte sous les produits.

— Donc on inscrit bien le résultat du « mauvais côté » par rapport à sa nature, conclut Louis.

— Oui, on peut le dire comme ça. Et c'est valable pour tous les soldes : l'inscription d'un solde du « mauvais côté », comme tu le dis, permet d'obtenir l'égalité entre les deux colonnes d'un compte ou les deux côtés du document de synthèse. Le Compte de Résultat, rappelle Estelle, fait la synthèse de toutes les charges et de tous les produits de l'exercice ; l'entreprise va savoir **si,** pendant cette période, **elle a gagné (bénéfice) ou perdu (perte) de l'argent grâce à sa gestion**. En comptabilité, on emploie souvent, je te l'ai déjà dit, le mot « gestion » à la place du mot « activité ». Et tu sais que les comptes de charges et de produits sont appelés « comptes de gestion ». Donc si l'entreprise a un bénéfice, elle s'est **enrichie** grâce à sa gestion ; si elle a une perte, elle s'est **appauvrie** à cause de sa gestion.

— Logique, dit Louis.

— Enfin, les charges et les produits sont regroupés en trois grandes catégories d'opérations : les **opérations d'exploitation** (qui concernent l'activité principale de l'entreprise), les **opérations financières** et les **opérations exceptionnelles**. Le Compte de Résultat de l'exercice N se présente donc ainsi, de façon très simplifiée :

Compte de Résultat de l'exercice N	
Charges	Produits
Opérations d'exploitation	
Opérations financières	
Opérations exceptionnelles	

— Dans le chapitre 5, Louis, je t'expliquerai plus en détail ce que recouvrent :
- les charges d'exploitation et les produits d'exploitation ;
- les charges financières et les produits financiers ;
- les charges exceptionnelles et les produits exceptionnels.

La différence entre les produits d'exploitation et les charges d'exploitation donne le « **résultat d'exploitation** » (ou REX) ; en anglais, on l'appelle **EBIT** (***Earnings Before Interest and Taxes***). La différence entre les produits financiers et les charges financières donne le « **résultat financier** ». L'addition de ces deux résultats correspond au « **résultat courant** » :

Résultat d'exploitation
\+ Résultat financier

= **Résultat courant**

— Enfin, continue Estelle, la différence entre les produits exceptionnels et les charges exceptionnelles donne le « **résultat exceptionnel** ». L'addition du « résultat courant » et du « résultat exceptionnel » correspond au « **résultat de l'exercice** » :

Résultat courant
\+ Résultat exceptionnel

= **Résultat de l'exercice**

— Le résultat de l'exercice, qui est le résultat total engendré par toute la gestion de l'exercice, se traduit soit par un enrichissement (bénéfice), soit par un appauvrissement (perte), souligne Louis très sûr de lui.

4.3 Bilan

— Maintenant que tu as compris ce qu'est le Compte de Résultat, passons au Bilan, déclare Estelle. Pour que tu appréhendes bien ce qu'est un Bilan, pense au patrimoine détenu par un particulier. Il peut comprendre une maison, une voiture et de l'argent sur un compte en banque.

— Tout cela, ce sont ses **avoirs**, précise Louis.

— Un particulier, quand il évoque son patrimoine, **ne regarde** en général **que ce qu'il a** : ce sont effectivement ses avoirs (synonyme : ses Actifs). Ainsi, lorsque tu achètes un vélo, tu regardes ce que tu possèdes : un vélo. Tu ne penses pas, en même temps (sauf si je te le demande…), à la façon dont tu as financé ton vélo : avec tes économies, avec de l'argent prêté par tes parents ou les deux (une partie avec tes économies et l'autre partie avec de l'argent prêté). Seuls les très gros achats incitent un particulier à raisonner « en partie double » ; il précise alors le montant de son achat ET le mode de financement de celui-ci. Il en est typiquement ainsi lorsqu'un particulier acquiert son logement : il sait combien il met en apport personnel et combien il emprunte auprès de sa banque. Dans une entreprise, c'est très différent : l'entreprise regarde ses Actifs **mais aussi et toujours comment elle a financé ses Actifs** ; elle regarde alors **l'opposé** de ses Actifs, c'est-à-dire ses **Passifs**.

— **Les Passifs sont donc les comptes explicatifs des Actifs**, ajoute Louis.

— Absolument. Le Bilan fait la synthèse du patrimoine d'une entreprise. C'est également un document de synthèse, comme le Compte de Résultat, et il a aussi la forme d'un rectangle avec deux côtés. Les petits comptes en T regroupés dans le Bilan sont les **comptes de situation**.

— On aurait pu les appeler « comptes de patrimoine »…

— Pertinente ta remarque ! dit Estelle, ça aurait en effet été plus parlant de les appeler « comptes de patrimoine » au lieu de « comptes de situation ». Revenons à l'ensemble des comptes en T. Ils sont regroupés, à la fin de l'exercice, dans deux documents qui s'appellent : le Bilan et le Compte de Résultat. C'est pour ça qu'on les nomme « documents de synthèse » : ils font la synthèse de tous les comptes. Le Bilan a d'un côté l'Actif, qui est à gauche, et de l'autre côté le Passif, qui est à droite.

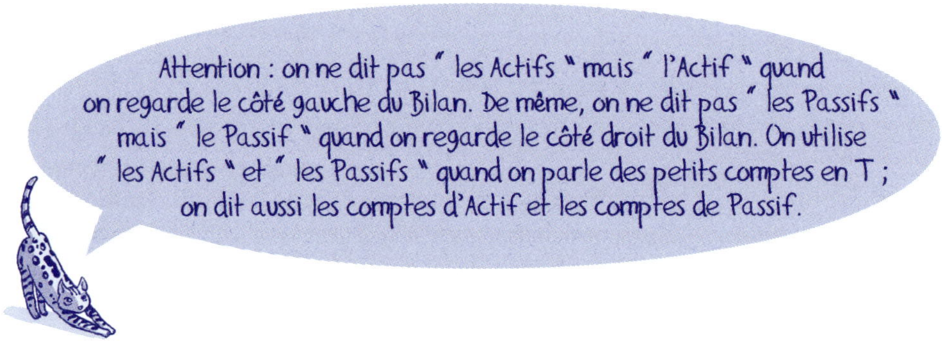

Présentation d'un Bilan

Bilan	
Actif	Passif

— Autre point important, souligne Estelle. Le patrimoine d'une entreprise est calculé **à une date donnée**. C'est une « **photo** » de son patrimoine, à cette date. On fait cette photo au moins une fois par an, le dernier jour de l'exercice comptable, qui est aussi appelé « **date de clôture** » si on veut parler comme un expert-comptable…

— Ah ! dit Louis.

— Louis, je vais donc compléter le Bilan en mentionnant cette notion de photo – qui est statique – et en rappelant que la photo est prise le 31 décembre de l'exercice N.

Bilan au 31 décembre N	
Actif	Passif

Document **statique :** « Photo » du patrimoine au 31 décembre N

Estelle explique à Louis le contenu du Bilan. À l'Actif, à **gauche** du Bilan, on trouve les petits comptes en T appelés les comptes d'Actif : ils fonctionnent pendant l'année avec des entrées à **gauche**.

Comptes d'Actif	
Entrées à **gauche**	

Les Actifs sont regroupés dans trois grandes rubriques : les immobilisations, les stocks et la trésorerie.

Au Passif, à **droite** du Bilan, on trouve les petits comptes en T appelés les comptes de Passif : ils fonctionnent pendant l'année avec des entrées à **droite**.

Comptes de Passif	
	Entrées à **droite**

Les Passifs sont regroupés dans deux grandes rubriques : les capitaux propres et les dettes.

On peut assimiler les capitaux propres à une « dette » de l'entreprise vis-à-vis de ses associés (appelés « actionnaires » dans une société par actions). Ce n'est pas tout à fait une dette au sens juridique du terme car l'entreprise dispose de ses capitaux propres jusqu'à la fin de sa vie (sauf remboursement en cours de vie que l'on appelle « remboursement anticipé »).

— C'est commode de faire cette assimilation : « capitaux propres = dettes vis-à-vis des associés », continue Estelle. On peut alors dire que **le Passif regroupe l'ensemble des dettes. Et, à l'Actif, on retrouve ce que ces dettes ont permis de financer.** Le Bilan peut dès lors être représenté ainsi :

Bilan	
Actif	Passif
Immobilisations Stocks Trésorerie	Dettes

Financement de l'Actif

— Ta question « Pourquoi la trésorerie et les dettes ne sont pas du même côté ? » est très pertinente, confirme Estelle. Prenons l'entreprise Surf : quand elle s'est créée, les associés ont chacun payé leur part : quelle est l'incidence de leurs paiements sur la trésorerie de Surf si leurs versements s'élèvent, par exemple, à 100 000 euros ?

— Hum… Une entrée de trésorerie ?

— Exactement, dit Estelle. L'entrée de 100 000 euros en trésorerie s'explique par le compte de « dettes vis-à-vis des associés », qui s'appelle « Capital » dans une entreprise. Et une précision Louis : nous mentionnerons les **montants en K€** dans les comptes et dans les documents de synthèse, pour ne pas avoir des nombres trop longs. Donc les deux comptes impactés sont les suivants :

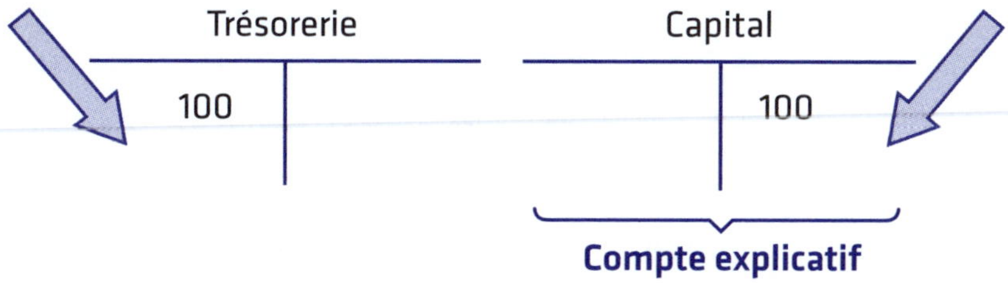

— Dans le Bilan, rappelle Estelle, les comptes d'Actif sont ceux qui ont des entrées à gauche ; c'est donc le cas de la trésorerie. Et les comptes de Passif sont les comptes qui ont des entrées à droite ; c'est donc le cas du Capital.

Bilan après cette première opération (en K€)			
ACTIF		**PASSIF**	
Trésorerie	100	Capital	100

— **Et le passif explique bien le financement des avoirs monétaires** détenus par Surf, constate Louis. Autre question : je croyais qu'on faisait un Bilan le dernier jour de l'année…

— Je vais d'abord répondre à ta dernière question. Le Bilan est la photographie du patrimoine que détient l'entreprise **à une date donnée**. Il est effectivement élaboré **au moins une fois par an**, le dernier jour de l'exercice comptable. Rien n'interdit de le faire plus souvent. Ici, pour t'expliquer, je vais faire une nouvelle photographie du patrimoine de Surf après chaque nouvelle opération inscrite dans ses comptes en T ; tu comprendras ainsi le fonctionnement des comptes et leur lien avec le Bilan. Quant à la trésorerie, elle est du côté de l'Actif, qui est le côté où figurent les avoirs appartenant à l'entreprise. Les 100 000 euros sont du cash obtenu par Surf lors de sa création. Comme tu viens de me le dire, le cash est un avoir détenu par Surf et qui s'explique par le paiement de son capital par ses associés. Rien ne se perd, rien ne se crée : **si Surf détient du cash, il faut savoir d'où il vient**.

— Éternelle question en comptabilité, renchérit Louis, d'où vient l'argent et où va l'argent ? C'est le titre du chapitre 1, car c'est la base de la base !

— En effet, Louis, je ne te le fais pas dire… Surf va utiliser ce cash pour acheter d'autres Actifs, dont elle aura besoin pour assurer son activité ; c'est une activité de « reventes en l'état » puisqu'elle achète des longboards qu'elle revend sans les avoir transformées, continue Estelle. Supposons que Surf achète 20 000 euros de longboards, qui figureront dans ses stocks (le fonctionnement exact des comptes de stocks est décrit au chapitre 5). Elle sort donc 20 000 euros de sa trésorerie (à droite) pour acheter 20 000 euros de stocks (à gauche).

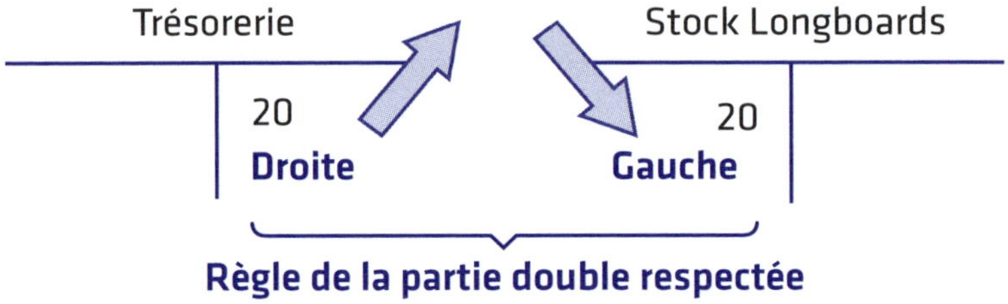

— Après ces deux opérations (versement du capital puis achat de longboards), si je refais une photo du patrimoine de Surf, son Bilan est le suivant :

Bilan après ces deux opérations (en K€)			
ACTIF		**PASSIF**	
Stocks	20	Capital	100
Trésorerie	80		
Total	**100**	**Total**	**100**

Louis comprend que le **patrimoine** de Surf **évolue** après chaque nouvelle opération, **mais qu'il reste égal à 100 000 euros**. Et il remarque effectivement que :

- à l'Actif – qui est à **gauche** du Bilan – on trouve les petits comptes en T qui fonctionnent avec des entrées à **gauche** pendant l'année ;
- au Passif – qui est à **droite** du Bilan – on trouve les petits comptes en T qui fonctionnent avec des entrées à **droite** pendant l'année.

« Pour se souvenir du sens de fonctionnement d'un compte en T, **il suffit** donc **de repérer où il va dans le Bilan** en fin d'année », comprend Louis.

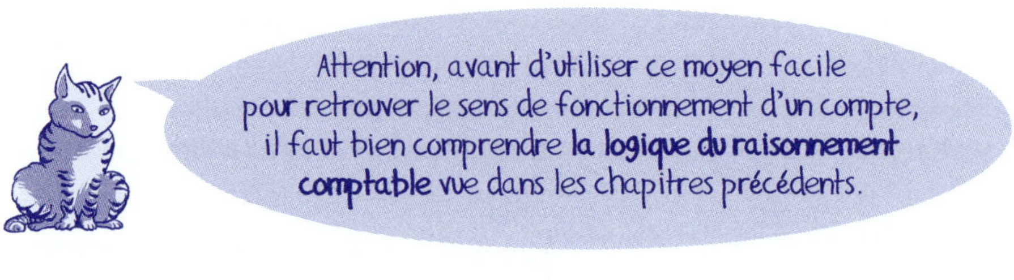

— Je continue, reprend Estelle. Si Surf fait de gros travaux d'aménagement dans son magasin (par exemple, si elle fait casser un mur, installer des étagères et des armoires, poser une porte blindée…) pour 35 000 euros, comment inscrit-elle cette opération d'aménagement dans ses comptes ? Pour t'aider, Louis, je te précise que les aménagements du magasin serviront longtemps. Il s'agit de gros travaux, non consommés dans l'année de leur réalisation ; ce ne sont donc pas des charges.

— Ce sont alors des achats d'immobilisations !

Louis, sûr de lui, dessine deux comptes en T :

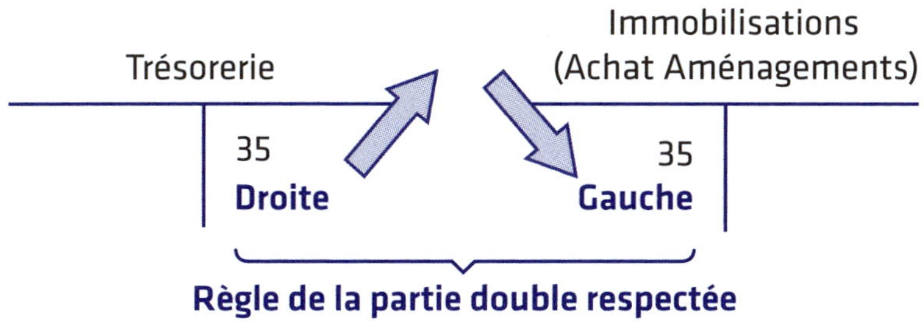

— Après ces 3 opérations, le nouveau Bilan de Surf est le suivant, explique Estelle, qui précise que la trésorerie est passée de 80 000 à 35 000 euros après le paiement des aménagements :

Bilan après ces trois opérations (en K€)			
ACTIF		**PASSIF**	
Immobilisations	35	Capital	100
Stocks	20		
Trésorerie	45		
Total	**100**	**Total**	**100**

— Ce serait pas mal de commencer l'apprentissage de la comptabilité par le Bilan et le Compte de Résultat ! s'exclame Louis. En effet, il suffit que je regarde la place des comptes en **T** dans le Bilan ou le Compte de Résultat, et hop, je sais comment ils fonctionnent pendant l'année…

— Sauf que si tu ne maîtrises pas la logique de la partie double en partant du cash, il est difficile de bien comprendre le **déroulement** d'une opération dans les comptes en T et sa **retranscription** dans un document de synthèse. Tu peux, bien sûr, t'appuyer sur le contenu des documents de synthèse pour te familiariser avec le nom des comptes et repérer plus facilement leur sens de fonctionnement. **Mais il vaut mieux le faire après avoir assimilé l'architecture de la comptabilité avec ses fondations qui sont : le compte Trésorerie, la règle de la partie double et la distinction entre opérations temporaires et définitives**. Une fois tout cela bien appréhendé, tu peux repérer les comptes en **T** dans le Bilan et le Compte de Résultat avec **l'esprit serein** : tu sais d'où ils viennent et comment ils fonctionnent. Mais reprenons toutes les opérations depuis la création de Surf.

— OK !

— Les 100 000 euros de trésorerie initiale ont en effet été financés par les associés, propriétaires du capital de Surf. Puis 55 000 euros de trésorerie ont été « transformés » en 20 000 euros de stocks et 35 000 euros d'immobilisations : le patrimoine de Surf s'est donc modifié. Depuis sa création et après ces trois opérations, **Surf n'est cependant ni plus riche, ni moins riche** : elle a un patrimoine qui a toujours la même valeur (100 000 euros) mais elle a modifié la composition de ses Actifs (qui valent toujours 100 000 euros). Le Passif, lui, reste identique : il comporte 100 000 euros de capital depuis la création de Surf. Je te rappelle que, dans une entreprise, le fait de toujours expliquer le financement des Actifs oblige à regarder systématiquement

d'où vient l'argent ayant permis de financer ces Actifs. **Le premier Actif détenu par une entreprise est du cash** : il provient des propriétaires du capital (compte explicatif de l'entrée de ce cash : compte Capital). La trésorerie est le plus liquide des Actifs ; on dit d'ailleurs qu'on a du « liquide » quand on a de l'argent. Et c'est un Actif formidable car **il peut servir à acheter n'importe quel autre Actif** ! Tu suis toujours ?

— Je crois, oui…

— Dans une entreprise, l'argent détenu peut s'expliquer par ses ventes (qui est l'équivalent d'un salaire, pour un particulier) ou par une dette (qui est l'équivalent de l'argent prêté par un ami, pour un particulier). Je te propose de continuer l'enregistrement des opérations dans les comptes en T de Surf et de voir leur incidence sur son Bilan. Imaginons que Surf décide maintenant d'emprunter 30 000 euros à sa banque, la BNP, pour une durée d'un an. Dans les comptes en T, elle augmentera donc sa trésorerie de 30 000 euros.

— Le compte explicatif s'appelle « Dette - BNP », termine Louis. Les deux comptes qui jouent sont donc les suivants :

— La trésorerie ayant bougé à gauche, tu as bien fait de mouvementer le compte explicatif « Dette - BNP » à droite, constate Estelle. Dans le Bilan, ce compte de dettes se retrouve à droite ; il est du « bon côté » du Bilan, puisqu'il est du côté où sont mentionnés les financements. Et la trésorerie de Surf s'élève alors à 45 000 + 30 000 = 75 000 euros.

Bilan après l'emprunt (en K€)			
ACTIF		**PASSIF**	
Immobilisations	35	Capital	100
Stocks	20	Dettes	30
Trésorerie	75		
Total	**130**	**Total**	**130**

4.4 Résultat (bénéfice ou perte)

— Louis, fais attention à ce que je vais te dire, c'est assez contre-intuitif. Après cet emprunt de 30 000 euros, le patrimoine de Surf est passé de 100 000 à 130 000 euros **mais elle n'est ni plus riche, ni moins riche qu'avant.** Elle a augmenté ses avoirs à l'Actif de 30 000 euros : ils passent bien de 100 000 à 130 000 euros (= hausse de la trésorerie). Mais elle a une dette de 30 000 euros en plus au Passif, qu'elle doit rembourser à la BNP.

— C'est donc uniquement sa gestion qui va lui permettre de s'enrichir, ajoute Louis.

— Exactement, répond Estelle. Revenons sur les comptes de situation et les comptes de gestion.

— Dans les **comptes de situation**, Surf a inscrit pendant l'année toutes les modifications que son patrimoine a subies, résume Estelle. À la fin de l'année (en général le 31 décembre, quand l'exercice comptable coïncide avec l'année civile), elle **photographie** ses comptes de situation pour avoir la composition du **patrimoine** qu'elle détient **à cette date** (= l'Actif) et comment ce patrimoine a été financé (= le Passif).

— Et dans les **comptes de gestion**, Surf a inscrit pendant l'année toutes les opérations liées à sa gestion qui ont généré des charges et des produits, reprend Louis. Ces opérations lui permettent de calculer, le 31 décembre, le **résultat de son activité** de l'année.

31 DEC
Comptes de situation
CLIC
BILAN
Comptes de gestion
COMPTE de RÉSULTAT
31 DEC
RÉSULTAT

— Et seuls les comptes de gestion ont une incidence sur le résultat puisqu'ils retracent les opérations définitives, poursuit Louis.

— C'est ça ! Le résultat de l'exercice N – qui est égal à la différence entre les charges et les produits – permet de savoir si l'entreprise s'est enrichie ou appauvrie grâce à sa gestion, qui s'est déroulée tout au long de l'exercice N.

— Logique ! S'il y a plus de produits que de charges, le résultat de l'année est un bénéfice : elle s'est enrichie. Inversement, s'il y a plus de charges que de produits, le résultat est une perte : l'entreprise s'est appauvrie.

— Maintenant, Louis, question plus difficile. Il s'agit de savoir si la gestion, pour une année donnée, est une source de financement. À ton avis, la gestion procure du financement si l'entreprise a une perte ou un bénéfice ?

— Quand elle a un bénéfice, bien sûr ! affirme Louis.

— Et si la gestion se traduit par une perte ?

— Pas de financement venant de la gestion, répond Louis, sinon il y aurait eu un bénéfice. Dans le cas d'une perte, les produits n'ont pas été suffisants : ils n'ont pas permis de financer toutes les charges.

— Bien ! Et alors, puisque rien ne se perd et rien ne se crée, quels sont les petits comptes en T qui ont financé la part des charges non couverte par les produits et qui est due à une mauvaise gestion ?

— Je pense savoir, rétorque Louis. En comptabilité, on a deux types de petits comptes en **T** : les comptes de gestion et les comptes de situation. Ce qui permet de financer la perte constatée dans les comptes de gestion se trouve obligatoirement **dans le reste de la comptabilité**… donc dans les **comptes de situation** !

— Oui et soyons plus précis : si les comptes de gestion n'arrivent pas à se financer tous seuls, quels sont les comptes qui ont pu combler ce manque de financement : les comptes d'Actif ou les comptes de Passif ?

— Les comptes de Passif, qui sont les comptes de financement ! s'exclame Louis très sûr de lui.

— Tu me permets ainsi d'achever mon explication sur les comptes de gestion et leur lien avec le Bilan, dit Estelle. Si la gestion est bénéficiaire, c'est une source de financement pour l'entreprise : la gestion de l'exercice lui procure des ressources. Inversement, **une gestion déficitaire** ne se finance pas toute seule : elle correspond à un emploi ; certes, c'est un mauvais emploi, mais **c'est un emploi** tout de même. Maintenant une autre question Louis : au Bilan, où mettras-tu le bénéfice ?

— Au Passif, répond Louis encore une fois très sûr de lui, puisque la gestion génère des ressources. Le Passif reprend toutes les sources de financement, y compris celle qui vient d'une bonne gestion.

— Parfait, dit Estelle. Et si la gestion se traduit par une perte, où la mettras-tu au Bilan ?

— Euh... bredouille Louis, c'est moins facile comme réponse.

— Rappelle-toi : rien ne se perd, rien ne se crée, dit Estelle. Les comptes de gestion n'arrivent pas à se financer tout seuls puisque les produits sont inférieurs aux charges. Comme tu viens de me le dire, l'entreprise a donc dû faire appel aux comptes de situation pour financer sa gestion déficitaire.

— Et plus précisément, l'entreprise a fait appel à ses comptes de Passif puisque ce sont eux qui procurent du financement... répond Louis un peu ragaillardi.

— Oui, l'entreprise a dû combler le manque de produits en faisant appel à un (ou plusieurs) compte(s) de Passif pour financer toutes ses charges. La gestion déficitaire a été un **emploi** ; et comme tout emploi, il a dû être financé. **Une partie des ressources du Passif a ainsi servi à financer le « trou » de la gestion**, c'est-à-dire la perte, conclut Estelle.

Rappel

- Le Bilan est une photo du patrimoine de l'entreprise à une date donnée, avec les avoirs (= l'Actif) à gauche et les financements de ces avoirs (= le Passif) à droite. Il est élaboré au moins une fois par an, le dernier jour de l'exercice N, soit le 31 décembre si l'exercice comptable coïncide avec l'année civile.

- Le Compte de Résultat, élaboré à la même date, reprend toutes les opérations de gestion de l'année, avec les charges à gauche et les produits à droite. Il permet de déterminer le résultat de l'exercice N, qui est donc calculé le 31 décembre de cet exercice.

— Le montant du résultat de l'exercice N est donc déterminé le 31 décembre, reprend Estelle. Il se calcule par la soustraction entre les douze mois de produits et les douze mois de charges de l'exercice N :

12 mois de produits
– 12 mois de charges

= Résultat de l'exercice

— Le 31 décembre, on prend en photo le patrimoine détenu par l'entreprise à cette date ; on prend donc aussi en photo le résultat à cette date, résume Louis. Et **le détail de la formation du résultat se lit dans le Compte de Résultat**. J'ai tout compris !

— Bien, Louis, dit Estelle. Maintenant, dessine-moi le Bilan et le Compte de Résultat de la façon la plus simple possible et indique quel est le document statique (photo) et quel est le document dynamique (film).

Louis s'exécute :

Bilan au 31 décembre N	
Actif	Passif

Compte de Résultat de l'exercice N	
Charges	Produits

— Le Compte de Résultat donne en effet toutes les explications sur la formation du résultat de l'exercice, rappelle Estelle. Puis le montant du résultat au 31 décembre – qui est soit un bénéfice, soit une perte – est reporté dans le bilan.

En résumé

- Si la gestion est bénéficiaire, le résultat est un bénéfice et se retrouve au Passif (= source de financement) du Bilan.
- Si la gestion est déficitaire, le résultat est une perte et **devrait** se retrouver à l'Actif (= emploi) au Bilan.

— J'ai du mal à suivre, bredouille Louis… Il est normal que le bénéfice soit porté au Passif, mais pourquoi la perte devrait-elle figurer à l'Actif ?

— C'est normal d'être un peu perdu sur ce point. Je vais d'abord t'expliquer ce que recouvrent les capitaux propres, puis je reviendrai sur la place du résultat dans le Bilan. Tout d'abord, le résultat généré par la gestion d'une entreprise revient à ses associés : ce sont eux qui assument le risque en cas de perte ou qui reçoivent le bénéfice en cas de bonne gestion. Le résultat est mentionné sous le compte Capital, en haut du Passif, pour former ce que l'on appelle « les capitaux propres ».

— Peux-tu reprendre ? demande Louis.

— Bien sûr. Les capitaux propres comprennent tout d'abord le capital. Nous avons étudié ce compte avec l'entreprise Surf : le capital est le compte explicatif de la trésorerie apportée par les associés lors de sa création. À ce capital s'ajoute la part du résultat de chaque exercice qui n'est pas distribuée et qui va constituer « les réserves ». En effet, la part distribuée se traduit par une sortie de trésorerie pour payer les dividendes versés aux associés : après distribution, cette part ne figure plus dans les comptes. Ainsi, les capitaux propres sont les RESSOURCES de l'entreprise **qui appartiennent à ses associés**, par opposition aux dettes vis-à-vis des banques ou vis-à-vis des tiers (fournisseurs par exemple). **La variation des capitaux propres** entre le début et la fin d'un exercice **vient du résultat**.

Si le résultat est positif, les associés se sont **enrichis**.

Si le résultat est négatif, les associés se sont **appauvris**.

— Si les associés vendent l'entreprise, plus les résultats ont été bons dans les années passées, plus le prix de vente sera élevé, ajoute Louis qui pense avoir bien saisi la nature économique du résultat.

— Exact, rétorque Estelle. Revenons à la place du résultat et reprends Surf qui avait un million d'euros de produits et 920 000 euros de charges pour une année donnée. Tu avais compris qu'il fallait mettre, dans son Compte de Résultat, le bénéfice de 80 000 euros sous les charges ; et tu viens de comprendre que le bénéfice étant une source de financement, il se retrouve au Passif. Dessine de façon simplifiée le Bilan et le Compte de Résultat de Surf, en inscrivant le bénéfice du côté du Passif dans le Bilan et du côté des charges dans le Compte de Résultat.

Louis dessine, dubitatif, les deux documents de synthèse de Surf :

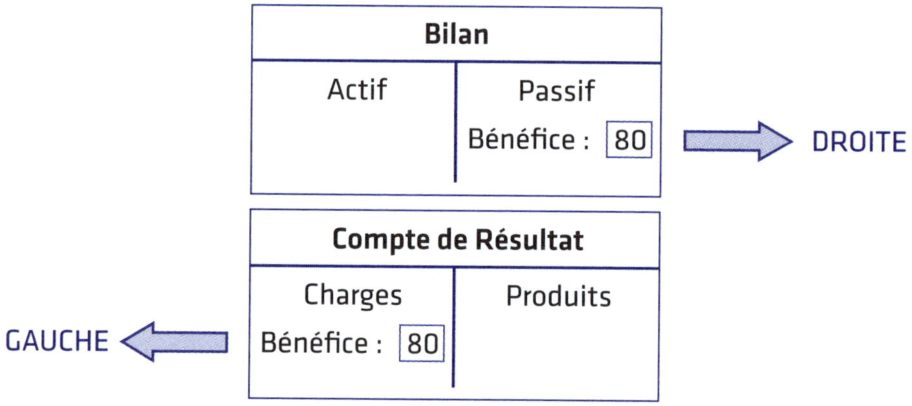

— Ah ! Je vois, s'écrie Louis. À **droite** du Bilan, j'ai bien 80 000, et à **gauche** du Compte de Résultat, j'ai aussi 80 000.

— Tu as écrit deux fois le bénéfice pour un montant de 80 000 euros : une fois à gauche, dans le Compte de Résultat, et une fois à droite, dans le Bilan, souligne Estelle. Tu as donc **appliqué la règle de la partie double aux documents de synthèse.**

— J'ai compris, dit Louis. Je me lance pour la perte de 50 000 euros réalisée par l'entreprise KO.

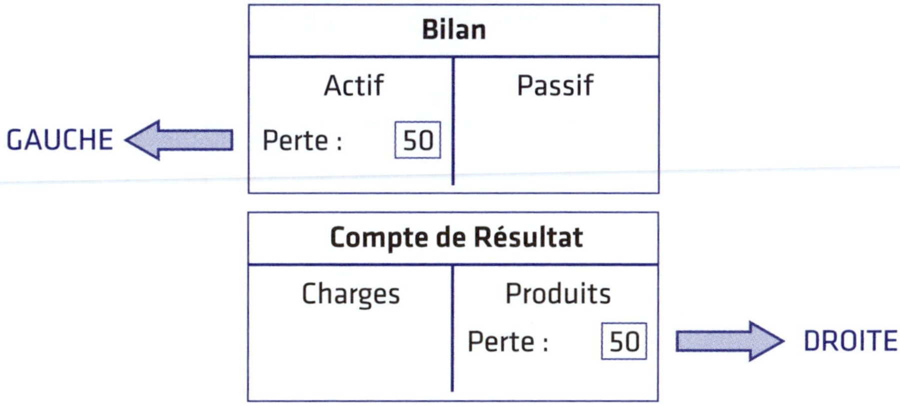

— J'ai bien la perte à gauche du Bilan, dans les emplois. Et dans le Compte de Résultat, j'ai bien inscrit la perte du « mauvais côté » de sa nature, donc du côté des produits, pour équilibrer les deux côtés du Compte de Résultat.

— Là encore, tu as respecté la règle de la partie double dans les documents de synthèse. Mais dans le Bilan, on privilégie **une présentation plus économique** de la perte. Je t'ai dit que les associés assument le risque de l'entreprise. Au cours d'un exercice, si la gestion est déficitaire, ils se sont appauvris du montant de la perte. C'est pour cela que la perte, au lieu d'être à l'Actif, est mentionnée dans les capitaux propres au **Passif, avec un signe moins**.

— Avec un signe moins ? rétorque Louis. On peut mettre des signes moins dans un document comptable ? Je croyais que c'était impossible…

— On ne met jamais de signe moins dans les comptes en T puisqu'ils ont tous une colonne « sorties » dans laquelle sont inscrits les montants à soustraire des entrées. En revanche, dans les documents de synthèse, il est possible de mettre des signes moins si un montant change de côté. Pour expliciter ce changement de signe, prenons l'exemple de la société KO qui a une perte de 50 000 euros. Si le total des actifs détenus par KO est de 8 000 000 euros, le total du Passif doit être de 8 050 000 euros car les ressources du Passif servent à financer deux choses : les éléments d'Actif pour 8 000 000 euros et l'écart de 50 000 euros entre les produits et les charges. En effet, les ressources générées par la gestion (350 000) n'ont pas suffi pour couvrir tous les emplois de la gestion (400 000) : **les ressources du Passif ont donc dû combler le « trou » non financé par les produits**.

Les documents de synthèse peuvent être présentés ainsi, avec un Bilan dans lequel la perte n'a pas encore changé de côté :

Bilan	
Actif : 8 000	Passif : 8 050
Perte : 50	
Total : 8 050	8 050

Compte de Résultat	
Charges : 400	Produits : 350
	Perte : 50
Total : 400	400

Puisque la perte est imputée aux associés, on a décidé de la mettre au Passif. Il faut donc enlever 50 000 euros des deux côtés du Bilan pour maintenir l'égalité entre l'Actif et le Passif :

	Bilan		
	Actif : 8 000	Passif : 8 050	
La perte disparaît à l'Actif	Perte : 50	Perte :	La perte apparaît au Passif, avec un signe moins
	- 50	- 50	
	Total : 8 000	8 000	

— C'est très clair, répond Louis, les associés de KO se sont appauvris de 50 000 euros. Mais heureusement que tu n'es pas allée trop vite !

4.5 Emplois = Ressources

— Je te rappelle que le langage comptable impose que toute opération soit enregistrée deux fois et en sens inverse (une fois à gauche et une fois à droite), souligne à nouveau Estelle. C'est la règle de la partie double qui impose donc l'égalité gauche/droite **à tout instant** dans les petits comptes en **T**. Je dis « à tout instant » car, dès qu'une opération est enregistrée, elle l'est **à droite ET à gauche** dans les comptes en T, **pour le même montant et au même moment**. On passe donc, après chaque opération enregistrée en partie double, d'une égalité gauche/droite à une nouvelle égalité gauche/droite (augmentée du montant de l'opération qui vient d'être comptabilisée). Puis cette égalité se retrouve dans les deux documents de synthèse comme on vient de le voir.

— Peux-tu faire le lien entre la règle de la partie double et les notions d'emploi et de ressource ? demande Louis.

— Louis, achever mes explications en faisant ce lien revient à dire que tout emploi (inscription à gauche d'un compte) est financé par une ressource (inscription à droite d'un compte). Dès lors, cette égalité gauche/droite issue de la partie double revient à dire que **les comptes de ressource expliquent le financement des comptes d'emploi**. Je te rappelle que :

- les Passifs et les produits sont les **ressources** de l'entreprise ;
- les Actifs et les charges sont les **emplois** de ces ressources.

Reprenons les états financiers en mentionnant les comptes d'emploi (à gauche) et les comptes de ressource (à droite) :

Bilan	
Emplois (Actif)	**Ressources** (Passif)

Compte de Résultat	
Emplois (Charges)	**Ressources** (Produits)

— J'insiste sur le sens profond de la comptabilité et de la règle de la partie double, poursuit Estelle. La comptabilité impose de **toujours** regarder une opération sous deux aspects : **l'aspect « ressource » (à droite)** et **l'aspect**

« emploi » (à gauche) ; ces deux aspects sont étroitement liés : **l'un est le reflet de l'autre**. Ainsi, après l'achat de ton vélo, il restait deux comptes non soldés : le compte Dette - Maman qui expliquait le financement du compte Achat Vélo. Le compte Dette - Maman était un compte de **ressource** et le compte Achat Vélo était un compte d'**emploi**.

— Le compte Trésorerie était un compte de passage, dans lequel étaient entrés puis sortis les 500 euros ayant permis de financer mon vélo, ajoute Louis.

— Je vais encore revenir sur le compte Trésorerie car il faut bien le comprendre, martèle Estelle. Par construction, il ne peut pas être un compte explicatif puisqu'il sert lui-même de **point de repère lors de la création des comptes explicatifs**. En revanche, puisqu'il fonctionne avec des entrées à gauche, c'est un compte d'Emploi. Je mets un « E » majuscule au mot « Emploi » pour le distinguer des autres comptes d'emploi qui sont des comptes explicatifs.

— Je sais depuis le chapitre 1 que les entrées de cash sont à gauche rétorque Louis. « Mettre de l'argent à gauche » : je me souviens toujours du sens de fonctionnement du compte Trésorerie grâce à cette expression…

— Et comme pour tous les comptes d'emploi, la colonne « sorties » du compte de trésorerie enregistre des « quasi Ressources », précise Estelle. Ainsi, lors du remboursement d'une dette, la colonne « sorties » du compte Dettes (= quasi emploi) joue avec la colonne « sortie » du compte Trésorerie (= quasi Ressource).

— Il va falloir que je revoie sérieusement ces notions de « quasi ressources » et « quasi emplois », marmonne Louis…

— Louis, reprenons encore une fois le fondement économique de la règle de la partie double, énoncée également dès le chapitre 1. Elle exige que toute opération soit enregistrée deux fois et en sens inverse : une fois à **gauche**, c'est un EMPLOI, et une fois à **droite**, c'est une RESSOURCE.

— C'est important le lien entre « gauche – droite » et « emploi – ressource », souligne Louis. Mais je ne peux le saisir que maintenant car j'ai une vision globale des comptes.

— C'est bien pour cela que, dans le chapitre 1, je ne parle ni d'emploi, ni de ressource. Et laisse-moi achever mes explications sur le compte Trésorerie en reprenant l'exemple d'une vente. Le compte Trésorerie ne peut pas être – par construction – un compte explicatif : je viens de te le dire ; mais il respecte la règle de la partie double, qui est à l'origine de la création des comptes explicatifs. Ainsi, l'encaissement d'une vente fait jouer la **gauche** du compte Trésorerie – c'est un EMPLOI – et la **droite** du compte Ventes – c'est une RESSOURCE. Le compte Ventes explique le financement des avoirs monétaires, qui font partie des actifs détenus par une entreprise.

— Dis comme ça, je comprends tout ! s'exclame Louis.

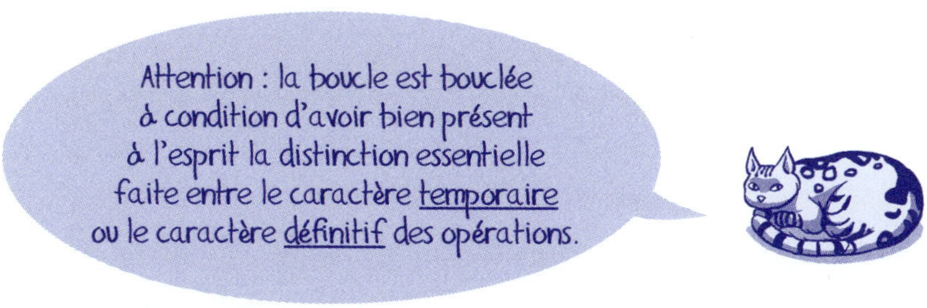

Conclusion

Addition des emplois et des ressources

- En comptabilité, il est toujours troublant d'additionner, par exemple :
  - des immobilisations (Actif) avec des salaires (Charges) ;
  - des dettes (Passif) avec des ventes (Produits).
- Pour expliquer l'addition de l'Actif et des Charges d'une part, et du Passif et des Produits d'autre part, il faut se référer :
  - au caractère **temporaire** des comptes de situation (qui sont regroupés dans le Bilan) ;
  - au caractère **définitif** des comptes de gestion (qui sont regroupés dans le Compte de Résultat).
- L'avenir de l'entreprise n'est pas engagé de la même manière selon le caractère temporaire ou définitif de ses emplois et de ses ressources :
  - dans le Bilan : le caractère temporaire est « positif » du côté des emplois (l'entreprise détient les actifs de son patrimoine) mais « négatif » du côté des ressources (l'entreprise doit les rembourser) ;
  - dans le Compte de Résultat : le caractère définitif est « négatif » du côté des emplois (l'entreprise les a consommés) mais « positif » du côté des ressources (elles appartiennent à l'entreprise).
- **La comptabilité a donc raison d'additionner :**
  - **des emplois temporaires (Actif) et des emplois définitifs (Charges) ;**
  - **des ressources temporaires (Passif) et des ressources définitives (Produits).**

- Et si l'on repart du compte Trésorerie, on peut résumer **le fonctionnement de tous les comptes** à l'aide des trois comptes en T suivants :

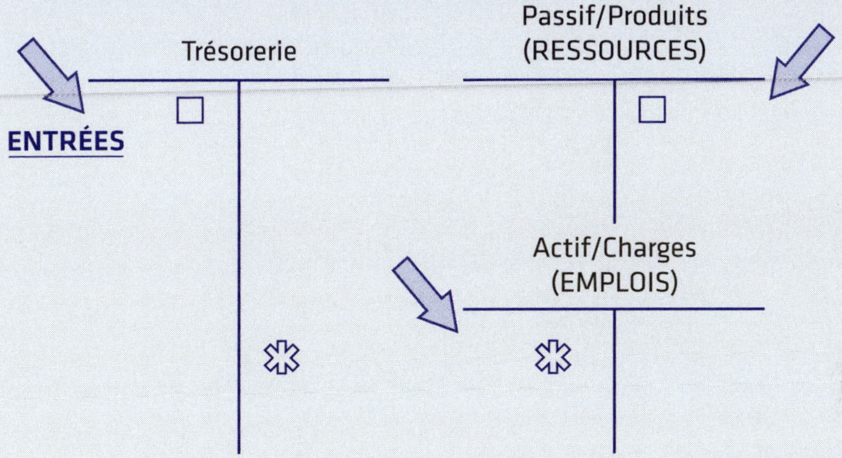

Ce sont les comptes qui figurent sur la couverture : toute la comptabilité y est donc résumée !

- En effet, on y voit :
  - tous les comptes de RESSOURCE (Passif/Produits) dont les entrées expliquent des **entrées** de trésorerie ;
  - tous les comptes d'EMPLOI (Actif/Charges) dont les entrées expliquent des **sorties** de trésorerie.

Remarque d'Estelle : Les mots « quasi ressource » et « quasi emploi » font partie de mon vocabulaire ; ils font jouer les colonnes « **sorties** » des comptes d'emploi et des comptes de ressource. Cela me permet de bien les distinguer des emplois et des ressources qui font jouer les colonnes « **entrées** » des comptes d'emploi et des comptes de ressource. Dans la pratique, on ne fait pas cette distinction ; on parle uniquement d'emplois et de ressources.

21
218
218-2
218-23

Chapitre 5

LE PLAN DE COMPTES FRANÇAIS

Louis à la fac

Pour cheminer plus facilement dans les comptes, Louis doit maintenant étudier le plan de comptes français. Sa mère Estelle lui rappelle tout d'abord quelques notions essentielles.

5.1 Notions comptables essentielles

Le langage est le même au niveau des quatre parties de l'espace comptable que sont l'Actif, le Passif, les Charges et les Produits, que l'on peut représenter ainsi :

Les quatre parties de l'espace comptable (dans tous les pays du monde)

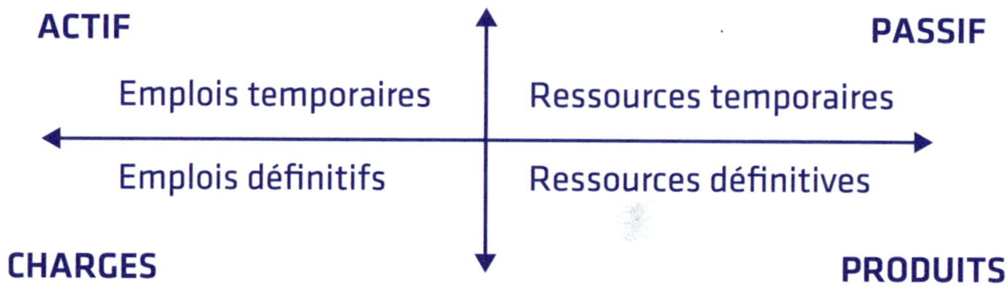

Ces quatre parties viennent de l'application des deux règles de fonctionnement des comptes :

> **Règle de la partie double :** en comptabilité, toute opération est enregistrée DEUX fois et en sens INVERSE [1].

(1) Notion de compte explicatif.

> **Règle « situation/gestion » :** lorsqu'une opération NE « S'ÉQUILIBRE » PAS dans les seuls comptes de **situation**, il faut faire jouer les comptes de gestion [2].

(2) **Seuls les comptes de gestion** ont une influence sur le **résultat**.

D'un pays à l'autre, les noms et le classement des comptes changent dans les quatre parties de l'espace comptable ; c'est ce qu'on appelle le **plan de comptes**. Chaque compte porte un numéro, ce qui permet de le retrouver facilement ; les numéros des comptes sont également différents d'un pays à l'autre.

— Nous allons nous attacher au plan de comptes français, reprend Estelle. Mais avant, revenons à **l'architecture** de la comptabilité.

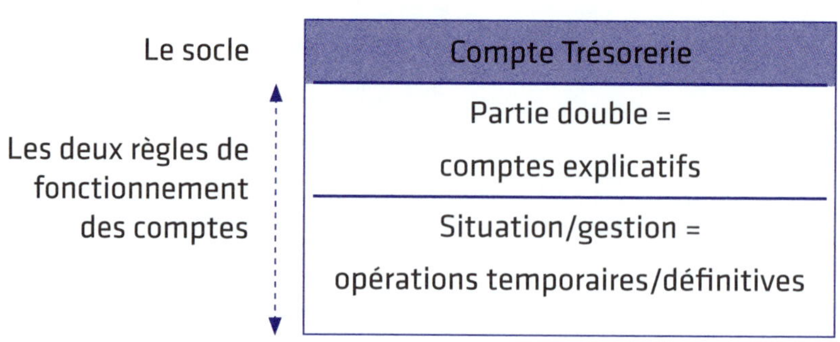

— Résumons tout depuis le départ Louis. Prends une feuille et indique « comptes de situation » en haut et, sous la ligne horizontale, « comptes de gestion ». Puis mentionne « opérations temporaires » sous « comptes de situation », et « opérations définitives » sous « comptes de gestion ».

Louis dessine :

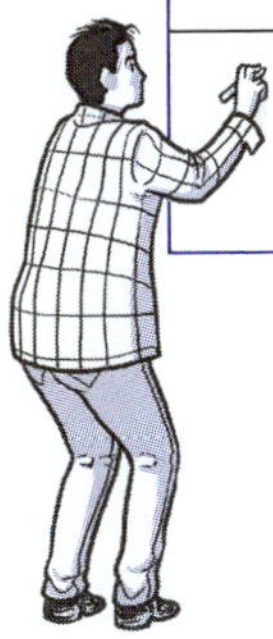

Comptes de situation = Opérations temporaires
Comptes de gestion = Opérations définitives

Louis se souvient que les comptes de situation sont regroupés dans le Bilan. La gauche du Bilan s'appelle « Actif » et la droite du Bilan s'appelle « Passif ». Les comptes de gestion, eux, sont regroupés dans le Compte de Résultat. La gauche du Compte de Résultat s'appelle « Charges » et la droite du Compte de Résultat s'appelle « Produits » :

Bilan

Actif	Passif

Compte de Résultat

Charges	Produits

— Tu as donc bien 4 rectangles différents qui s'appellent : l'Actif, le Passif, les Charges et les Produits, indique Estelle. Je te rappelle que les comptes d'Actif et de charges sont des comptes d'**emploi** et que, inversement, les comptes de Passif et de produits sont des comptes de **ressource**.

Je te propose un schéma synthétisant ces notions, qui se réfèrent à la **nature économique** des comptes et à leur **place** dans les états financiers :

Bilan	
Actif	**Passif**
EMPLOIS	**RESSOURCES**
Temporaires	

Compte de Résultat	
Charges	**Produits**
EMPLOIS	**RESSOURCES**
Définitifs	

— L'Actif regroupe les emplois temporaires, le Passif regroupe les ressources temporaires ; les Charges regroupent les emplois définitifs et les Produits regroupent les ressources définitives, résume encore une fois Estelle. En comptabilité, tous les avoirs de l'entreprise – y compris ceux qu'elle a en trésorerie qui figurent donc, à juste titre, dans l'Actif – s'expliquent par un financement. On précise toujours l'origine des **ressources** (les Passifs) et les **emplois** de ces ressources (les Actifs). Comme rien ne se perd, rien ne se crée, les Passifs sont égaux aux Actifs et l'équilibre se fait à l'aide de la trésorerie à l'Actif. La trésorerie comporte l'argent « non encore utilisé » pour acheter quelque chose de précis (une immobilisation ou des stocks, par exemple) ; elle est **le plus liquide** des avoirs de l'entreprise comme je te l'ai déjà dit.

— Ça, je m'en souviens, confirme Louis.

5.2 Classes de comptes

— Les comptes en T sont rangés (ou **classés**) par famille, que l'on appelle des « **classes** », poursuit Estelle. Chaque classe regroupe un ensemble de comptes ayant **une thématique commune**. En France, il y a sept classes de comptes :

- les classes 1 à 5 regroupent les comptes de situation ;
- les classes 6 et 7 regroupent les comptes de gestion.

Le tableau ci-dessous reprend le nom de ces sept classes de comptes.

Les classes de comptes

Comptes de situation	- classe 1 : comptes de capitaux - classe 2 : comptes d'immobilisations - classe 3 : comptes de stocks - classe 4 : comptes de tiers : ils comprennent des dettes et des créances *Les comptes de tiers sont principalement les comptes Clients et les comptes Fournisseurs.* - classe 5 : comptes financiers
Comptes de gestion	- classe 6 : comptes de charges - classe 7 : comptes de produits

— Passons à la hiérarchie des comptes, Louis. Tous les comptes d'une classe donnée commencent par le numéro de cette classe, qui est un chiffre allant de 1 à 7. Le second chiffre d'un compte permet de cerner la nature du compte de façon plus précise que le numéro de classe tout seul. Le numéro de la classe et le numéro du compte s'enchaînent. Enfin, à chaque fois que l'on ajoute un chiffre au numéro d'un compte, on crée un **sous-compte**.

— Prenons l'exemple de la classe 2 « Immobilisations », continue Estelle. Que vas-tu inscrire dans cette classe Louis ?

— Ah… (Louis songe à son vélo de course). La classe 2 contient les achats de biens qui ne sont pas consommés dans l'exercice puisque tu me parles d'immobilisations ; ces biens sont immobilisés pour un certain temps dans l'entreprise.

— Parfait, dit Estelle.

Elle explique ensuite à Louis que, dans la classe 2, les immobilisations sont classées par nature :

- les biens **incorporels** (par exemple : un site Internet, une marque, un logiciel) ;
- les biens **corporels** (par exemple : les constructions, les agencements, les véhicules) ;
- les biens **financiers** (par exemple : les actions d'une filiale).

En France, les numéros de comptes à deux chiffres prévus pour les immobilisations sont les suivants :

- **2**0 – Immobilisations incorporelles ;
- **2**1 – Immobilisations corporelles ;
- **2**6 – Immobilisations financières.

— Ainsi, toutes les immobilisations ont bien un numéro commençant par 2, qui est celui attribué – en France – aux éléments immobilisés, résume Louis. Puis, si je me concentre sur les biens physiques, je cherche dans des comptes commençant par 21 – Immobilisations corporelles. Et si je veux avoir plus de précision sur chacun des biens physiques, je regarde la numérotation à trois chiffres.

— Exact, dit Estelle. Voici, pour répondre à ta recherche, comment se présentent les immobilisations corporelles avec trois chiffres :

- 21-1 Terrains ;
- 21-2 Agencements et aménagements de terrains ;
- 21-3 Constructions ;
- 21-5 Installations techniques, matériel et outillage industriels ;
- 21-8 Autres immobilisations corporelles.

Et si tu cherches par exemple un véhicule ou du matériel informatique, il faut aller dans les comptes à quatre chiffres, qui sont des sous-comptes du compte 21-8 Autres immobilisations corporelles.

— Donc les comptes sont emboîtés comme une série de poupées russes, constate Louis.

— Exact, Louis. Et voilà comment se présente la classe 2, avec des numéros de compte de plus en plus précis :

Classe 2 = Immobilisations

[...]

Compte 21 Immobilisations corporelles

[...]

Compte 21-8 Autres immobilisations corporelles

[...]

218-1 Installations générales, agencements, aménagements divers

218-2 Matériel de transport

218-3 Matériel de bureau et matériel informatique

218-4 Mobilier

[...]

— Oui, confirme Estelle, mais il faut savoir jusqu'où l'entreprise veut aller dans le détail de son plan de comptes. Avec l'informatique, il est possible d'aller très loin. Et c'est très commode d'analyser les comptes avec un ordinateur car on peut faire des tris en un clic !

Information : ce classement par numéro de plus en plus précis existe depuis longtemps, et bien avant l'apparition de l'informatique ; le premier plan de comptes date de la Seconde Guerre mondiale et a été, en partie, conçu par **Jean Fourastié**.

— Maintenant, allons plus loin dans les classes de comptes et examinons leur emplacement dans les documents de synthèse, déclare Estelle. Je t'ai déjà dit que les comptes des classes 1 à 5 sont les comptes de situation et ceux des classes 6 et 7 sont les comptes de gestion. Voici leur place en fin d'année dans le Bilan et le Compte de Résultat :

Comptes en T – Place dans les documents de synthèse

Bilan (classes 1 à 5)	
Classe 2 : comptes d'immobilisations	Classe 1 : comptes de capitaux
Classe 3 : comptes de stocks	
Classe 4 : comptes de tiers (notamment : Clients)	Classe 4 : comptes de tiers (notamment : Fournisseurs)
Classe 5 : comptes financiers (Trésorerie)	Classe 5 : découverts bancaires

Compte de Résultat (classes 6 et 7)	
Classe 6 : comptes de charges	Classe 7 : comptes de produits

5.3 Classes et sens de fonctionnement des comptes

Louis sait maintenant que :

- les comptes de la classe 1 vont au Passif ;
- les comptes des classes 2 et 3 vont à l'Actif (classe 2 : Immobilisations ; classe 3 : Stocks) ;
- les comptes de la classe 4 (comptes de tiers) vont **soit à l'Actif** : c'est le cas des Clients, **soit au Passif** : c'est le cas des Fournisseurs. Les autres comptes de tiers (tels que l'État ou la Sécurité sociale) sont aussi soit à l'Actif soit au Passif. À la date d'élaboration du Bilan, si le tiers doit de l'argent à l'entreprise, il sera à l'Actif ; si l'entreprise doit de l'argent à ce tiers, ce dernier sera au Passif ;
- les comptes de la classe 5 (essentiellement Trésorerie) vont à l'Actif, sauf les découverts bancaires ;
- les comptes de la classe 6 regroupent les charges ;
- les comptes de la classe 7 regroupent les produits.

— Une remarque sur les comptes de la classe 5, précise Estelle. Le compte Banque reprend les avoirs monétaires que l'entreprise détient dans sa banque. Si la trésorerie est suffisante, tous les comptes de trésorerie figurent à l'Actif. En revanche, si elle a besoin de trésorerie supplémentaire, elle demandera à sa banque de lui consentir un découvert. **Le découvert bancaire s'analysant comme une dette, le compte Banque se retrouvera donc au Passif.** C'est clair pour toi Louis ?

— Oui, les comptes de la classe 5 sont à l'Actif sauf dans le cas de découverts bancaires. C'est noté !

— Bien ! Reprenons le tableau précédent et indiquons, en haut du tableau, le sens de fonctionnement des comptes en **T** (qui forment le « **Grand Livre** » en comptabilité). Ceux qui fonctionnent avec des entrées à gauche pendant l'année se retrouvent à gauche de l'un des deux documents de synthèse : ce sont les comptes d'emploi ; ceux qui fonctionnent avec des entrées à droite pendant l'année se retrouvent à droite de l'un de ces deux documents : ce sont les comptes de ressource.

Grand Livre (ensemble des comptes en T)

Sens de fonctionnement des comptes	La **moitié** des comptes fonctionne avec des **entrées à gauche** (= comptes d'emploi) 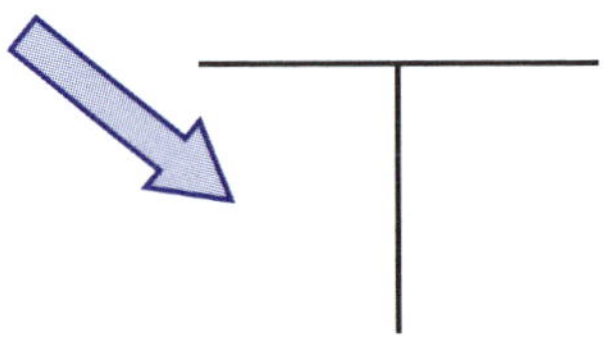	La **moitié** des comptes fonctionne avec des **entrées à droite** (= compte de ressource) 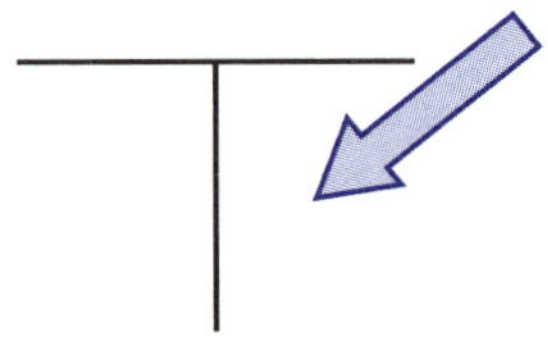
BILAN	Classe 2 : comptes d'immobilisations	Classe 1 : comptes de capitaux
	Classe 3 : comptes de stocks	
	Classe 4 : comptes de tiers (notamment : Clients)	Classe 4 : comptes de tiers (notamment : Fournisseurs)
	Classe 5 : comptes financiers (Trésorerie)	Classe 5 : découverts bancaires
COMPTE DE RÉSULTAT	Classe 6 : comptes de charges	Classe 7 : comptes de produits

— **La moitié des comptes fonctionne avec des entrées à gauche :**

- ceux qui sont à l'Actif du Bilan : comptes des classes 2, 3, 4 et 5 ;
- ceux de la classe 6 (charges) qui figurent dans le Compte de Résultat.

L'autre moitié des comptes fonctionne avec des entrées à droite :

- ceux qui sont au Passif du Bilan : comptes des classes 1, 4 et 5 ;
- ceux de la classe 7 (produits) qui figurent dans le Compte de Résultat.

— Super, **dans ce tableau, on retrouve tout : le sens de fonctionnement des comptes, leur nature économique (emploi ou ressource), leur place en fin d'année et leur numéro de classe…**

— Bien vu ! s'exclame Estelle. Alors je reprends le tableau de la fin du chapitre 3 et j'ajoute une colonne à droite, dans laquelle je mentionne le numéro de classe.

Sens de fonctionnement des comptes et numéros de classe

Nom du compte	Sens de fonctionnement	Terme plus vaste	Numéro de classe	
	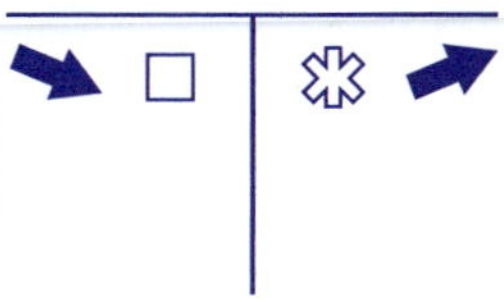	Trésorerie	Classe 5	La majorité de la classe 5
	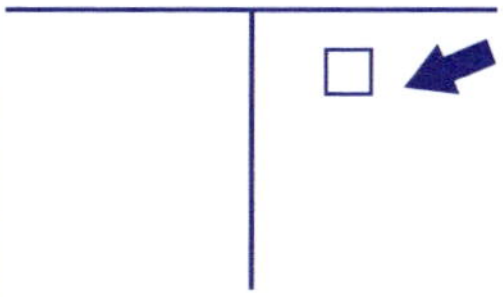	Produits	Classe 7	Comptes de gestion
	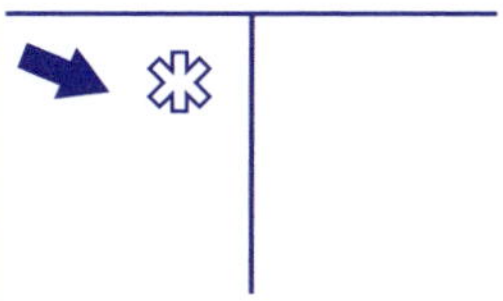	Charges	Classe 6	Comptes de gestion
		Immobilisations	Classe 2	
	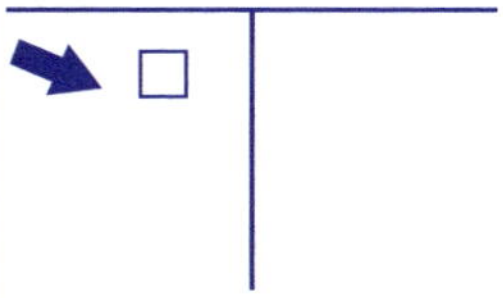	Créances	Classe 2 Classe 4	
	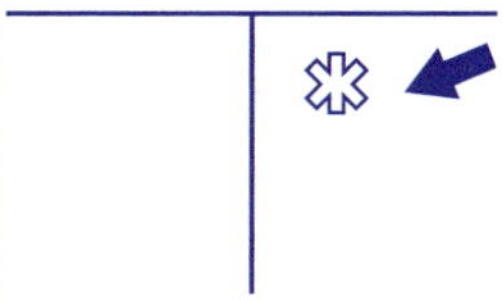	Dettes	Classe 1 Classe 4 Classe 5*	

* Découverts bancaires

Une opération de vente est visualisée par un carré : □

Une opération d'achat est visualisée par une croix : ✲

— Dans la classe 5, Louis, il y a deux comptes qui te sont familiers : le compte 51 - Banques et le compte 53 - Caisse.

— Est-ce qu'il faut apprendre par cœur les numéros de compte ? demande Louis un peu inquiet.

— À force de pratique, tu finiras par en connaître beaucoup par cœur. Cependant, pour faciliter les recherches dans un plan de comptes, il est commode de retenir – dès le début – les numéros de classe et **la nature économique des comptes que recouvre chaque classe**.

— Par exemple, si je cherche le nom précis du compte dans lequel je dois inscrire un loyer, je sais qu'il s'agit d'une charge : je regarde directement dans la classe 6 qui regroupe toutes les charges.

— Exactement. Le loyer sera dans le compte 61 et, de façon plus précise, dans le compte 613 - Locations. Tu mémoriseras très vite les principaux comptes à deux chiffres. Il en sera ainsi du compte Clients et du compte Fournisseurs. Tu sais que ce sont des comptes de tiers, donc des comptes de classe 4. Et je te précise que, dans le plan de comptes, à « **rang équivalent** », les comptes de **Passif** viennent **avant** les comptes d'**Actif**. Donc le compte Fournisseurs ayant le numéro 40, le compte Clients porte le numéro 41. Par ailleurs, des nombres sont sautés de temps en temps pour permettre au plan de comptes d'évoluer : si de nouveaux types d'opérations apparaissent, il faut pouvoir les « caser ». Ainsi, par exemple, dans les charges, le compte 613 - Locations commence par le compte 613.2 - Locations immobilières, qui est suivi du compte 613.5 - Locations mobilières. Les numéros 613.1, 613.3 et 613.4 ont été sautés.

5.4 Détail du Bilan

— Louis, reprenons un Bilan schématique, avec :

- **quatre grandes rubriques à l'Actif :** Immobilisations, Stocks, Clients (appelés « créances clients » dans un Bilan) et Trésorerie (dénommée « disponibilités » dans un Bilan) ;
- **trois grandes rubriques au Passif :** Capital, Dettes **financières** (c'est-à-dire les dettes auprès de tiers **dont le métier est de prêter de l'argent**) et Fournisseurs (qui figurent dans une rubrique plus large dénommée « autres dettes » où sont regroupées les dettes auprès de tiers dont le métier n'est pas de prêter de l'argent).

Bilan schématique

ACTIF (emplois)		PASSIF (ressources)	
Immobilisations	X	Capital	X
Stocks	X	Dettes financières	X
Créances Clients	X	Autres dettes (notamment : Dettes Fournisseurs)	X
Disponibilités	X		

Critères de classement à l'Actif

— Le premier critère est la **destination**, explique Estelle. L'Actif a-t-il vocation ou non à être détenu longtemps (c'est-à-dire, détenu sur plus d'un exercice) par l'entreprise ? D'où l'existence de deux grands blocs dénommés **Actif immobilisé** et **Actif circulant**. On inscrit le bloc « le plus liquide » – donc l'Actif circulant – en bas de l'Actif.

— Le bloc le plus liquide ? demande Louis.

— L'Actif circulant respecte lui-même ce critère : **on parle de classement par « degré de liquidité croissante »**. L'Actif circulant se termine donc par la trésorerie, qui est le plus liquide des Actifs puisque la trésorerie est, par nature, du cash. L'Actif se présente ainsi :

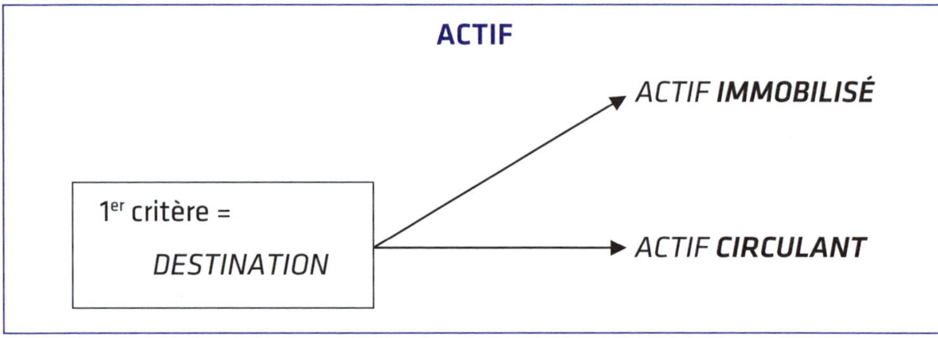

— À l'intérieur de ces deux blocs, les comptes sont classés par **nature**, poursuit Estelle. Dans l'Actif immobilisé, tu le sais déjà, on distingue les **immobilisations incorporelles**, les **immobilisations corporelles** puis les **immobilisations financières**. Dans l'Actif circulant, on distingue les **stocks**, les **créances clients** puis les **disponibilités**. L'Actif se présente dès lors ainsi :

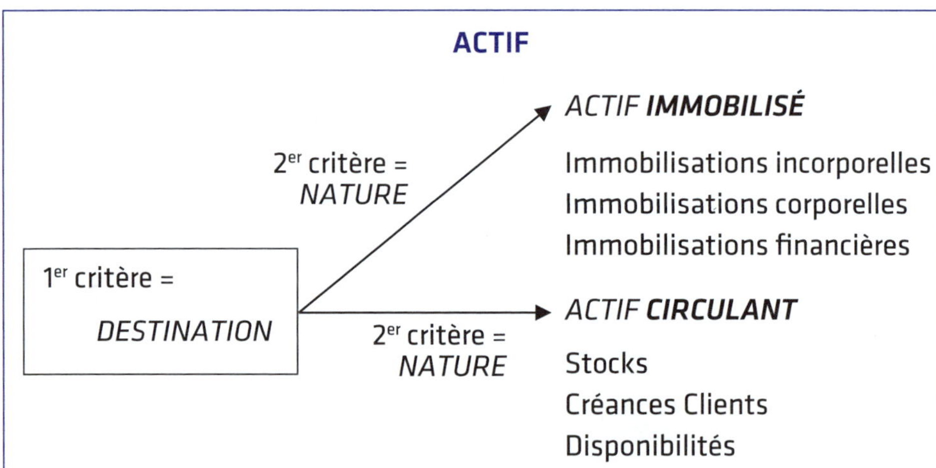

— Au regard de leur liquidité – c'est-à-dire au regard de **la date de leur transformation en cash** –, je te rappelle que les trois parties de l'Actif circulant sont également classées par degré de liquidité croissante. Les 2 critères de classement – par nature ou par liquidité – donnent la même ventilation de l'Actif circulant.

— Par degré de liquidité croissante ? Donc de la partie la moins liquide **en haut** à la partie la plus liquide **en bas**, conclut Louis.

Louis repense à l'entreprise Surf. Le 31 décembre de l'exercice N, elle fait une photo de son patrimoine. Dans son Actif circulant, elle a des longboards en stocks ; certains de ses clients ont acheté des longboards mais ne les ont pas encore payées : les créances sur ces clients n'ont pas encore été réglées, donc les comptes Clients existent toujours au 31 décembre ; enfin, elle a du cash.

— Louis, pourquoi à ton avis les stocks sont-ils moins liquides – c'est-à-dire moins proches de la date de leur transformation en cash – que les créances clients ?

— Parce qu'ils n'ont pas encore trouvé d'acheteurs !

— Exactement. Regarde ce tableau, qui mentionne le délai des stocks pour devenir des créances clients et le délai de ces créances pour devenir du cash :

Actif circulant : temps de transformation en cash
• Stocks ⇒ délai de commercialisation ⇒ créances clients
• Créances clients ⇒ délai de paiement ⇒ disponibilités
• Disponibilités ⇒ pas de délai car **c'est du cash** !

— Voilà terminé le classement à l'Actif. Passons maintenant au Passif, dit Estelle.

Critères de classement au Passif

— Le classement des comptes au Passif est plus simple, annonce Estelle. Le premier critère est l'**origine** des dettes : les « prêteurs » sont-ils les associés de l'entreprise ou des tiers extérieurs à l'entreprise ? D'où l'existence de **deux grands blocs** au Passif : les **Capitaux propres** et les **Dettes**. Je te rappelle qu'assimiler les capitaux propres à une dette est commode, même si l'entreprise ne doit pas rembourser cette « dette » au cours de son existence. À l'Actif, on parlait d'un classement par degré de liquidité croissante et on a classé le bloc « le plus liquide » en bas. Maintenant nous sommes du côté des dettes : tu sais qu'une dette est exigible ; alors, au Passif, on va classer les blocs par « **degré d'exigibilité croissante** », avec le bloc le plus exigible en bas. On inscrit donc les véritables dettes sous les capitaux propres car il s'agit de dettes que l'entreprise devra rembourser au cours de sa vie. Le Passif se présente de cette façon :

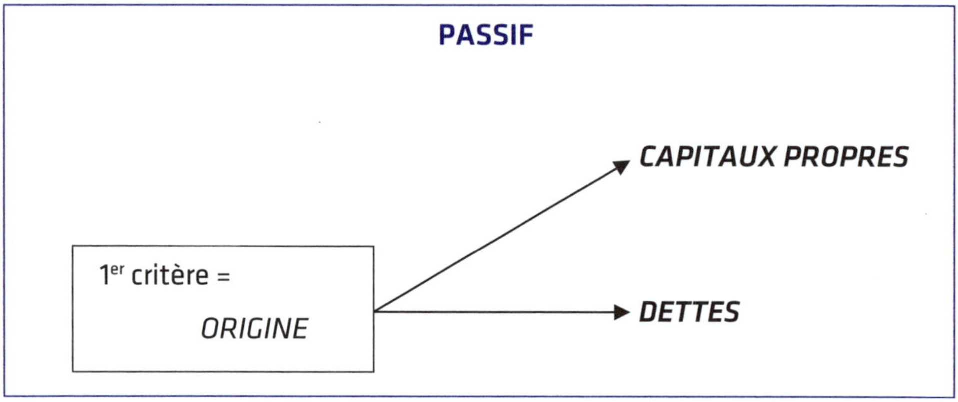

— **À l'intérieur de ces deux blocs**, poursuit Estelle, **les comptes sont classés par nature :** pour les **Capitaux propres**, on distingue le **capital** (= apport des associés), les **réserves** (= part des résultats antérieurs non distribuée) et le **résultat** (de l'exercice). Pour les **Dettes**, on distingue les **dettes financières** (essentiellement auprès des établissements de crédit) et les **autres dettes** (essentiellement auprès des fournisseurs, de l'État et de la Sécurité sociale, qui ont consenti des délais de paiement).

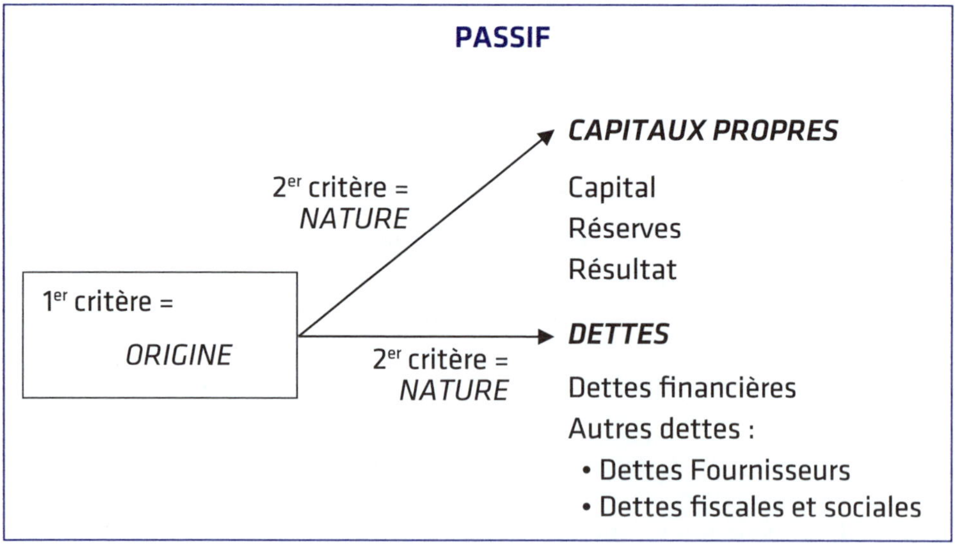

— On peut maintenant élaborer un Bilan plus complet au 31 décembre de l'exercice N, en sachant que, pour faciliter les comparaisons d'une année sur l'autre, l'exercice (N–1) figure à droite de l'exercice N, à l'Actif comme au Passif, conclut Estelle.

Bilan au 31 décembre N

ACTIF	N	N–1	PASSIF	N	N–1
Actif immobilisé			**Capitaux propres**		
Immo. incorporelles			Capital		
Immo. corporelles			Réserves		
Immo. financières			Résultat (plus ou moins)		
Actif circulant			**Dettes**		
Stocks			Dettes financières		
Créances Clients			Autres dettes :		
Disponibilités			• Dettes Fournisseurs		
			• Dettes fiscales et sociales		

— Je souhaite reprendre le raisonnement sur le résultat au Passif, précise Estelle. Si c'est un bénéfice (c'est une ressource), il est du « bon côté ». En revanche, la perte devrait figurer à l'Actif car il s'agit d'un emploi. La **perte** étant supportée par les associés, il a été décidé de la mettre au Passif, du « **mauvais côté** » de sa nature (c'est un emploi), mais avec un **signe moins** pour garder l'égalité entre l'Actif et le Passif. Je vais maintenant représenter un Bilan en rappelant les classes de comptes, poursuit-elle.

Bilan et classes de comptes

ACTIF (emplois)		PASSIF (ressources)	
Classe 2	*Actif immobilisé*	*Capitaux propres*	Classe 1
	Actif circulant	*Dettes*	
Classe 3	Stocks	• Dettes financières	Classe 1
Classe 4	Créances		Classe 5
Classe 5	Disponibilités	• Autres dettes	Classe 4

— Enfin, en reprenant l'ordre des classes (1 à 5), il est possible de préciser le contenu de ces classes :

Contenu des classes de comptes figurant au Bilan

N° de classe	Intitulé	Commentaires
1	Comptes de capitaux	Ils comprennent essentiellement les capitaux propres et les dettes financières.
2	Comptes d'immobilisations	Les immobilisations sont des biens - au sens large, c'est-à-dire des éléments matériels et immatériels - consommés sur plusieurs exercices.
3	Comptes de stocks	Les stocks sont composés d'éléments destinés à être vendus.
4	Comptes de tiers	Ils comprennent notamment les « Fournisseurs » et les « Clients ».
5	Comptes financiers	Ils se composent essentiellement de la trésorerie.

— Terminons l'analyse du plan de comptes relatif au Bilan avec des explications sur le fonctionnement des comptes de stocks.

5.5 Comptes de stocks

— Les stocks figurent, tu le sais Louis, dans l'Actif circulant et sont en classe 3. Ils sont détenus par l'entreprise pour être soit **vendus en l'état** : ce sont des marchandises (compte 37) et le vendeur est un commerçant (c'est le cas de l'entreprise Surf) ; soit **consommés dans la production d'un bien** : ce sont des matières premières (compte 31) et le vendeur est un industriel qui transforme ces matières premières puis vend des produits finis. Tu sais aussi qu'un commerçant peut être fermé en fin d'année « pour cause d'inventaire ».

— Oui, j'ai déjà entendu ça…

— L'inventaire consiste à dénombrer les éléments en stock (comptage physique) puis à les valoriser, pour déterminer le montant à faire figurer dans le Bilan au 31 décembre.

Estelle précise que, en France, une entreprise a le choix entre deux méthodes pour tenir ses comptes de stocks :

- une tenue permanente, avec des entrées et des sorties de stocks toute l'année dans les comptes de classe 3. L'entreprise utilise alors la méthode dite de « **l'inventaire permanent** » ;
- une tenue intermittente, avec le « gel » des comptes de stocks pendant toute l'année. L'entreprise a alors recours à la méthode de l'**inventaire intermittent**.

— Louis, supposons que Surf ait choisi l'inventaire intermittent. Je ne parle pas de la gestion physique du stock : dans son entrepôt, Surf a un suivi très précis de son stock de longboards tous les jours (grâce à un logiciel connecté aux achats et aux ventes de longboards). Dire que son compte de stocks est **gelé** en comptabilité revient à **bloquer le fonctionnement des colonnes** « entrées » et « sorties » de son compte de classe 3 (compte 37 car Surf vend des marchandises) pendant tout l'exercice comptable, **jusqu'au dernier jour de l'exercice**.

— Alors le compte 37 ne bouge pas pendant tout l'exercice ? demande Louis, pour s'assurer qu'il a bien compris.

— Tout à fait Louis, confirme Estelle. Et ce blocage du compte de stocks explique pourquoi, pendant l'année, l'entrée de cash générée par la vente de longboards est **reflétée dans le compte Ventes** mais, même si le stock baisse du fait de chaque vente de longboards, aucune sortie n'est enregistrée dans le compte de classe 3. Ainsi, seul le compte Ventes, qui explique l'entrée de cash, est mouvementé.

Louis est interloqué !

— Non, Louis. Tu verras que rien n'est faux avec un inventaire intermittent. Je continue mes explications. Prenons l'exemple d'une vente de deux longboards effectuée le 8 janvier par Surf pour 300 euros. Son stock physique va diminuer de deux unités. Mais que se passe-t-il dans sa comptabilité ? Il va y avoir une entrée de trésorerie à gauche ; il faut donc trouver un compte explicatif jouant à droite.

Or, je te rappelle que le compte de stocks est gelé ; je vais donc le barrer :

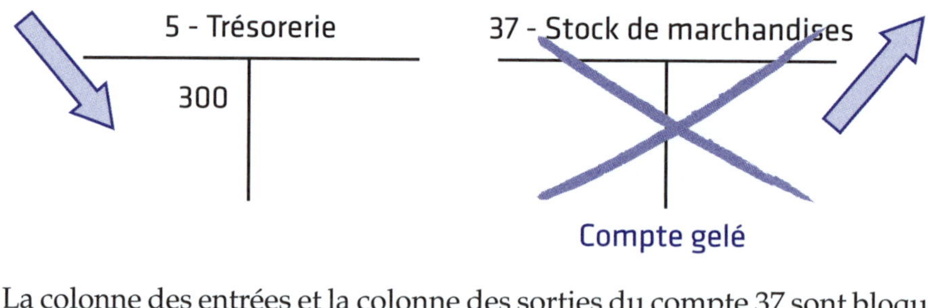

— La colonne des entrées et la colonne des sorties du compte 37 sont bloquées pendant tout l'exercice : impossible de faire jouer – le 8 janvier – la colonne des sorties à droite, comprend Louis. C'est pratique cette référence aux numéros de classe : la classe 5 et la classe 3 font partie des comptes de situation.

Donc si l'opération de vente ne s'équilibre pas dans les seuls comptes de situation… il faut faire jouer un **compte de gestion**, suggère Louis.

— Bien ! Et le compte de gestion, qui joue à **droite**, est donc un compte de **produits**, précise Estelle. Il porte un numéro qui commence par 7 car c'est un compte de produits ; il s'agit du compte 707 - Ventes de marchandises.

Et voilà les comptes qui fonctionnent le 8 janvier :

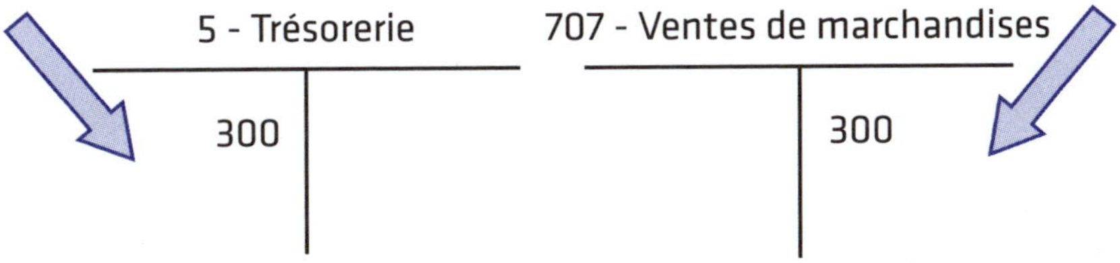

— Mais, constate Louis, c'est l'écriture « classique » d'une vente au comptant que je connais depuis le chapitre 2...

— Exact, Louis. Il en est de même pour les achats de marchandises qui sont des entrées en stock. Le responsable de l'entrepôt chez Surf va les suivre, mais hors comptabilité. Supposons que, le 20 janvier, Surf achète 80 longboards à 60 euros l'unité : cette opération de 4 800 euros doit être enregistrée en respectant la règle de la partie double. Louis, veux-tu dessiner deux comptes, un compte de trésorerie et un compte de stocks ? Et barre le compte de stocks pour indiquer qu'il ne peut pas fonctionner.

Louis écrit :

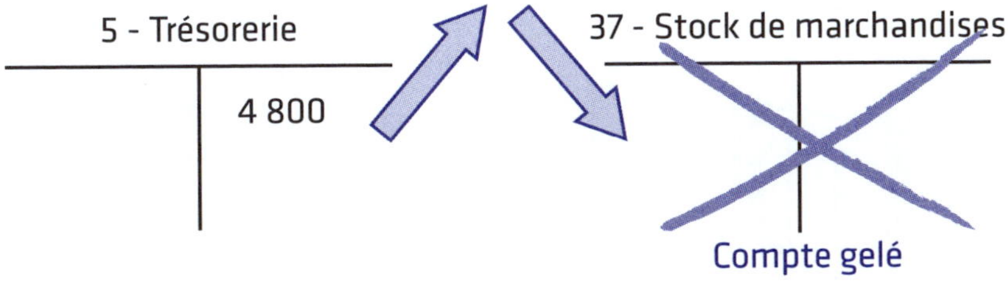

— Alors… Le compte de stocks (classe 3) est gelé pendant l'année, répète Louis. Je ne peux donc pas équilibrer mon opération le 20 janvier à l'aide des seuls comptes de situation. Je fais donc appel à la règle « situation/gestion » et j'utilise, comme compte explicatif de la sortie de cash, un **compte de gestion**. La sortie de trésorerie étant à droite, le compte de gestion doit être mouvementé à gauche. Or, les comptes de gestion qui ont des entrées à **gauche**

sont les comptes de **charges** qui forment la classe 6 ; mon compte explicatif commence donc par 6. Comme il s'agit d'un achat de marchandises, je peux être plus précis : je fais jouer le compte 607 - Achats de marchandises. Et voilà les comptes qui fonctionnent le 20 janvier :

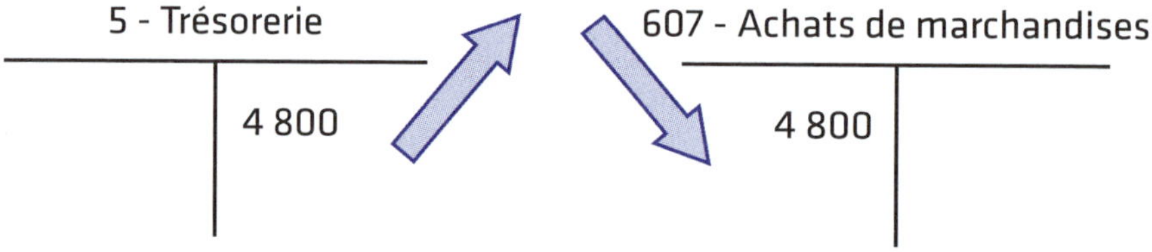

— Ainsi, pendant l'année, **toutes les entrées de stocks** ne sont comptabilisées que dans un compte de **charges**, précise Estelle. C'est l'écriture « classique » d'un achat au comptant que tu connais depuis le chapitre 2. Maintenant, revenons à l'inventaire des stocks en fin d'exercice.

— Que dois-tu faire du stock initial de longboards chez Surf qui est, par exemple, égal à 60 000 euros ?

— Euh…

— Je répète : que dois-tu faire du stock initial alors que tu sais qu'il ne correspond pas au stock détenu en fin d'exercice ?

— Eh bien, le sortir des comptes…

— Bravo ! À la fin de l'exercice, Surf va annuler son stock initial en l'envoyant (on dit en le « virant ») dans un compte de charges dénommé « **Variation de stocks** ». Ce type d'écritures passées à la fin de l'année, avant l'élaboration du Bilan et du Compte de Résultat définitifs, s'appellent une « **écriture d'inventaire** ». Dès lors, la première écriture d'inventaire est celle qui annule le stock initial. Son montant, je te le rappelle, n'a pas bougé pendant toute l'année ; il ne reflète plus la réalité physique du stock dès la première vente ou le premier achat de longboards. Ici, tu veux annuler un stock, donc le **faire sortir** du compte 37 - Stocks. Je te rappelle que c'est un compte d'Actif : la colonne des entrées est à gauche.

— Le compte 37 va jouer en sortie, donc à **droite** ; le compte explicatif doit alors fonctionner à gauche ! répond Louis.

Louis dessine les deux comptes et inscrit les montants en K€ (pour éviter d'avoir des nombres trop longs) :

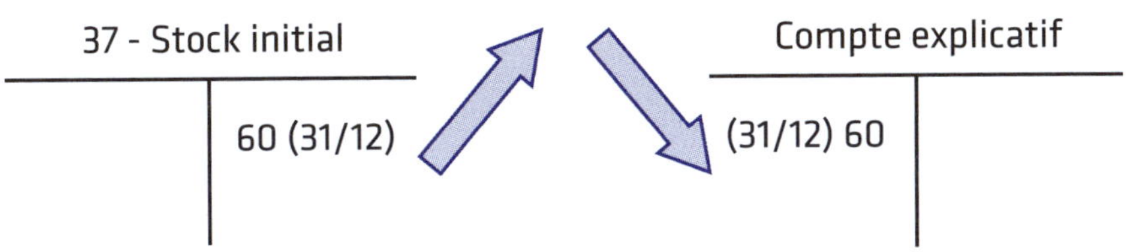

— Et quel est le nom du compte explicatif ? demande Estelle qui veut vérifier que Louis a bien suivi ses explications.

— « Variation de stocks », tu viens de me le dire, répond Louis.

— Exact, et il porte le numéro 603. Il commence par 6 : c'est bien un compte de charges. Les deux comptes qui fonctionnent le 31 décembre pour annuler le stock initial sont dès lors les suivants :

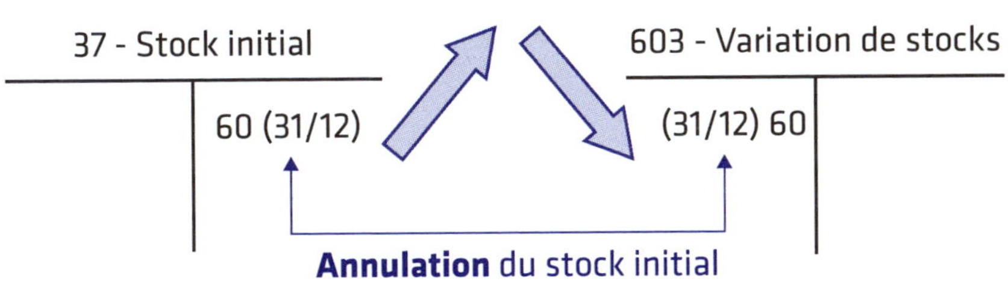

— Passons au stock final. Après dénombrement puis valorisation de son stock en fin d'exercice, Surf doit **l'introduire** dans ses comptes. Pour y parvenir, elle passera une seconde « écriture d'inventaire ». Supposons que le stock final soit évalué à 50 000 euros. Il doit apparaître à l'Actif du Bilan au 31 décembre, donc à gauche de ce document. Il doit dès lors être enregistré dans un compte en T (le compte 37 - Stocks) à **gauche**.

— Et pour respecter la règle de la partie double, il faut inscrire 50 000 euros à droite, dans un compte explicatif, ajoute Louis.

— Et le compte explicatif est le même que celui qui a joué lors de l'annulation du stock initial. Il s'agit donc du compte...

— « Variation de stocks », déclare Louis.

— Parfait ! Voici l'écriture qui permet d'introduire le stock final dans les comptes :

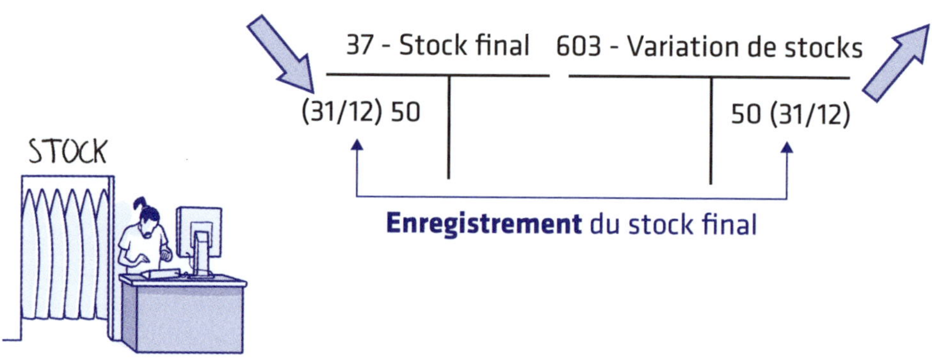

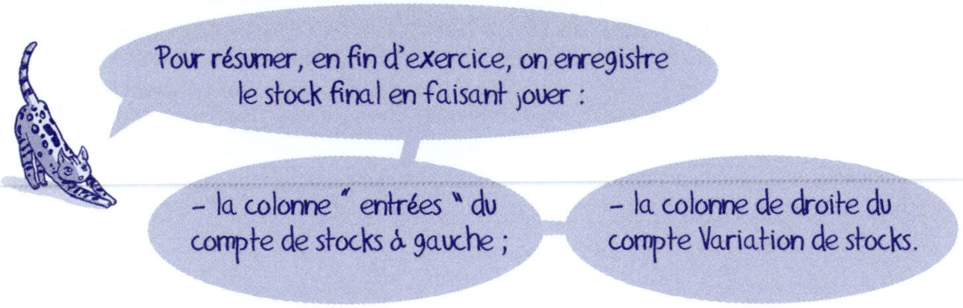

— Chez Surf, le stock initial de longboards étant de 60 000 euros et le stock final de 50 000 euros, la variation de stocks correspond donc à **une baisse de 10 000 euros.** Il s'agit d'une « **consommation** » de stock puisque le stock final est plus petit que le stock initial. Pour pouvoir faire face à ses ventes, Surf a utilisé toutes les longboards achetées en cours d'année et, en plus, elle a « puisé » 10 000 euros dans son stock initial. Ce montant de 10 000 euros s'ajoute aux achats de longboards effectués dans l'exercice (par exemple : 600 000 euros) pour obtenir le **prix d'achat total** des longboards ayant permis d'assurer les ventes de l'exercice. Dans cet exemple, la charge totale de l'année n'est donc pas de 600 000 euros mais de 600 000 euros **augmentés de la baisse de stock** (10 000 euros), soit 610 000 euros. Sans le compte 603 - Variation de stocks, le résultat de Surf aurait été surévalué de 10 000 euros. Tu suis ?

— Je crois…

— Les opérations d'inventaire, qui sont réalisées le dernier jour de l'exercice et qui incluent les opérations sur les stocks, sont difficiles à comprendre. Elles ont toutes pour objectif de faire coller la comptabilité avec la réalité économique. Pour les stocks, le compte 603 - Variation de stocks permet **d'ajuster** le montant des achats de marchandises effectués dans l'exercice, afin d'obtenir le montant réel de la charge de l'exercice : ici 610 000 euros.

— Et si le stock final est plus élevé ?

— Prenons l'hypothèse d'un stock final de 80 000 euros. Il excède de 20 000 euros le stock initial. À quoi ont servi les 600 000 euros d'achats de longboards ? Ont-ils tous été vendus ?

— Hum… Si le stock final a augmenté de 20 000 euros, c'est que les achats de l'exercice (600 000 euros) n'ont pas tous été vendus, précise Louis. 20 000 euros sont allés grossir les stocks et seulement 580 000 euros sont sortis de chez Surf pour être effectivement vendus.

— Bien ! La charge n'existe donc **que lorsque les achats sont utilisés**, c'est-à-dire lorsque le responsable de la gestion physique des stocks chez Surf sort des longboards du stock pour les céder aux clients.

Estelle résume le jeu du compte Variation de stocks avec le compte Achats pour obtenir la **charge réelle** de l'exercice :

1) Première hypothèse : le stock initial est supérieur au stock final :

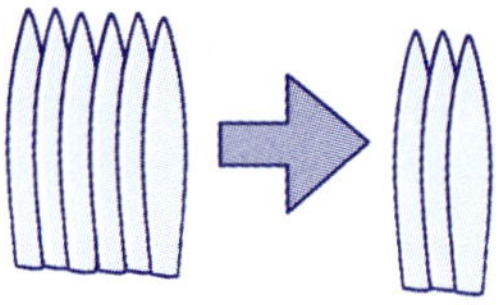

- le stock a **diminué** en fin d'année : il y a un « **déstockage** » ;
- la variation de stocks est **ajoutée** au compte 607 - Achats de marchandises.

2) Seconde hypothèse : le stock initial est inférieur au stock final :

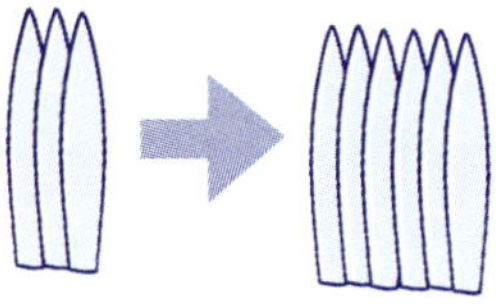

- le stock a **augmenté** en fin d'année : il y a un « **stockage** »;
- la variation de stocks est **retranchée** du compte 607 - Achats de marchandises.

Remarque en cas d'inventaire permanent : dans les entreprises pratiquant l'inventaire permanent, contrairement à celles qui utilisent l'inventaire intermittent, les comptes de stocks sont mouvementés tout au long de l'année : ils **ne sont pas gelés**. Dès lors, chaque entrée/sortie de stock fait varier le compte de classe 3 - Stocks et est **reflétée** dans le compte 603 - **Variations de stocks**. Un inventaire physique en fin d'année doit être réalisé avec l'inventaire permanent, comme dans les entreprises utilisant l'inventaire intermittent. Cependant, il a uniquement pour objet de constater les éventuels écarts avec le solde du compte de classe 3 - Stocks, ces écarts venant par exemple d'oublis ou de vols.

5.6 Détail du Compte de Résultat

— Nous avons déjà survolé le Compte de Résultat, dit Estelle, en distinguant les opérations d'exploitation des opérations financières et exceptionnelles.

Voyons maintenant la codification plus précise. Les charges sont en classe 6 et les produits en classe 7. Les comptes de charges et les comptes de produits portent des numéros à deux chiffres qui ont **la même terminaison** :

- de **0** à **5** pour les opérations d'exploitation ;
- **6** pour les opérations financières ;
- **7** pour les opérations exceptionnelles.

— Peux-tu me montrer le Compte de Résultat intégrant cette numérotation ? demande Louis.

— Bien sûr. Le voilà :

Compte de Résultat	
CHARGES (classe 6)	**PRODUITS (classe 7)**
Opérations d'exploitation	
60 à 65	70 à 75
Opérations financières	
66	76
Opérations exceptionnelles	
67	77

En **France** très souvent, dans le Compte de Résultat, les charges sont classées **par nature**, c'est-à-dire selon leur caractère intrinsèque. Ainsi, toutes les charges de personnel sont regroupées au même endroit dans le Compte de Résultat.

Dans les **pays anglo-saxons**, les charges sont classées **par fonction (ou par destination)**, c'est-à-dire selon leur utilisation dans le cycle d'activité. Ainsi, les charges de personnel sont ventilées entre :

- le coût d'acquisition et de production ;
- le coût de commercialisation ;
- le coût d'administration.

— Et qu'est-ce qui est le mieux ? demande Louis.

— Les deux classements ne répondent pas aux mêmes objectifs. Le premier permet de faire des comparaisons plus faciles entre les entreprises, le second est plus opérationnel.

— Et la France impose-t-elle une présentation du Compte de Résultat par nature ?

— Non, Louis. Les charges d'exploitation, qui sont les seules concernées, peuvent être classées par nature ou par fonction. Le premier classement est simple puisqu'il est **directement issu du plan de comptes** ; il est donc souvent retenu par les petites entreprises. Le second classement suppose une nouvelle ventilation des charges, calée sur l'organisation interne de l'entreprise ; il nécessite la mise en place d'une « comptabilité analytique ». C'est pourquoi il est en général retenu par les grandes entreprises, disposant de nombreux outils de gestion.

— Mais peut-on utiliser un Compte de Résultat par nature pour piloter l'activité ? demande Louis perplexe.

— Oui, Louis. Il convient alors de calculer une cascade de résultats appelée « **soldes intermédiaires de gestion** ».

— Tu m'as déjà parlé du résultat d'exploitation et du résultat courant, relève Louis.

— Ce sont en effet des soldes intermédiaires de gestion (SIG) ; voici ceux calculés AVANT le résultat d'exploitation :

	Chiffre d'affaires	SIG
-	Consommation de matières premières (ou de marchandises)	Marge de production (ou marge commerciale)
-	Autres charges externes	Valeur ajoutée
-	Impôts et taxes Charges du personnel	
+ -	Autres charges et produits d'exploitation	Excédent brut d'exploitation (EBE)
-	Dotations aux amortissements et aux dépréciations	Résultat d'exploitation (REX)

L'EBE s'appelle en anglais EBITDA (*Earnings Before Interest, Taxes, Depreciation and Amortization*). C'est un indicateur de rentabilité important.

— Et tu m'as déjà dit que le REX s'appelle aussi en anglais EBIT (*Earnings Before Interest and Taxes*), claironne Louis content de retrouver une notion connue.

Estelle revient à la présentation plus détaillé du Compte de Résultat :

Compte de Résultat	
CHARGES (classe 6)	**PRODUITS** (classe 7)
Charges d'exploitation	*Produits d'exploitation*
60 - Achats	70 - Ventes
61/62 - Autres charges externes	71 - Production stockée (ou déstockée)
63 - Impôts et taxes	
64 - Charges de personnel	74 - Subventions d'exploitation
65 - Autres charges de gestion courante	75 - Autres produits de gestion courante
66 - Charges financières	76 - Produits financiers
67 - Charges exceptionnelles	77 - Produits exceptionnels
68 - Dotations aux amortissements et dépréciations(1)	78 - Reprises sur dépréciations(1)
69 - Impôt sur les bénéfices	
12 - Résultat de l'exercice	

(1) Comptes ventilés en exploitation, financier et exceptionnel.

— Quelques précisions Louis. Le compte 603 - Variation de stocks concerne soit des marchandises (pour les commerçants), soit des matières premières (pour les industriels). Les achats de marchandises ont le numéro 60**7** et les variations de stocks de marchandises ont le numéro 603.**7** : le chiffre 7 pour les marchandises se retrouve donc à la fin du numéro des deux comptes. Il en va de même du chiffre 1 pour les matières premières : les achats de matières premières portent le numéro 60**1** et les variations de stocks de matières premières portent le numéro 603.**1**. La ligne 61/62 dénommée « Autres charges externes » regroupe tous les achats en provenance de tiers autres que ceux figurant dans le compte 60 - Achats.

— Du côté des produits d'exploitation, reprend Estelle, il y a essentiellement le compte Ventes : il s'agit de ventes de « marchandises » pour un commerçant et de ventes de « produits finis » pour un industriel, comme je te l'ai déjà expliqué. Le compte 71 - Production stockée n'existe que chez les industriels : c'est le montant des produits finis non vendus, donc encore existants au 31 décembre de l'exercice N. Le fonctionnement de ce compte est similaire à celui des variations de stocks de marchandises pour un commerçant.

Estelle poursuit ses explications sous le regard attentif de Louis qui se concentre pour suivre.

— Les charges et les produits financiers comportent essentiellement les intérêts du côté des charges (compte 661) et les revenus procurés par des titres (compte 761) ou des prêts (compte 762) du côté des produits. Enfin, les charges et les produits exceptionnels recouvrent, par exemple, les moins-values ou les plus-values réalisées sur des cessions d'immobilisations. Ce sont des opérations exceptionnelles car **un Actif immobilisé n'est pas destiné à être cédé**, contrairement aux stocks (dont les cessions figurent dans le compte 70, en produits d'exploitation).

— Donc ce type de cession est inhabituel, souligne Louis. C'est pour ça qu'on le classe dans les opérations exceptionnelles.

— Exactement, Louis, tu as tout compris. Quant au compte 68, il reprend la quote-part des immobilisations consommée dans l'exercice qui, je te le rappelle, se dénomme « dotations aux amortissements ». Et les dotations aux dépréciations sont liées, en particulier, aux pertes probables que l'entreprise anticipe sur ses créances clients (crainte de non-paiement).

Toutes ces opérations (amortissements et dépréciations) ne sont qu'effleurées ici. Elles font partie des opérations d'inventaire que je n'approfondirai pas dans les chapitres de ce livre car mon but est de t'expliquer le langage comptable en partant de **l'impact des opérations sur la trésorerie**. Or, les opérations d'inventaire – réalisées en fin d'exercice, juste avant l'élaboration du Bilan et du Compte de Résultat définitifs – ne font pas jouer le compte Trésorerie ; elles n'ont pas, comme élément déclencheur, une entrée ou une sortie de cash.

— Elles sortent donc du cadre de ton livre, pour lequel **la clé, c'est le cash**, fait remarquer Louis malicieusement.

— En effet, reprend Estelle, l'élément déclencheur d'une opération d'inventaire est une information « extra-comptable », c'est-à-dire une information qui ne se trouve pas dans les comptes eux-mêmes. J'ai ajouté un **additif** dans cette seconde édition, réservé à ceux qui veulent aller plus loin et qui veulent aborder l'inventaire. Mais je mets en garde les lecteurs : pour comprendre les opérations d'inventaire, il faut **parfaitement maîtriser** les six chapitres de mon ouvrage...

Après cette mise en garde, Estelle termine en commentant les dernières lignes du Compte de Résultat.

Quand l'entreprise réalise un bénéfice, l'État prend sa part (69 - Impôt sur les bénéfices). Et, après déduction de l'impôt sur les bénéfices, le « résultat de l'exercice » est attribué aux associés.

Conclusion

Plan de comptes et comptes annuels

- À la fin de chaque exercice, les entreprises doivent élaborer leurs comptes annuels, également appelés « **états financiers** ». Ils comportent les deux documents de synthèse que sont le Bilan et le Compte de Résultat, accompagnés de commentaires regroupés dans l'annexe.
- Le Plan Comptable Général (PCG) est le nom du « **guide** » **comptable** officiel en France. Il comporte en particulier :
  - les numéros de compte à respecter (le plan de comptes) ;
  - les modèles des documents de synthèse à reproduire.

  Le PCG prévoit – pour le plan de comptes et les documents de synthèse – **trois systèmes** comptables comportant un niveau de précision croissant :
  - le système abrégé ;
  - le système de base ;
  - le système développé.
- Sont reproduits ci-après le Bilan et le Compte de Résultat du système **abrégé**, avec les numéros des comptes affectés à chaque ligne de ces documents. En les regardant, on retrouve la logique du fonctionnement des comptes (inscrits soit à gauche, soit à droite des documents de synthèse) et leur rattachement aux sept classes de comptes. **Ces deux documents résument donc, à eux seuls, les chapitres 1 à 5 !**
- Les comptes annuels doivent donner, à la date de clôture, une **image fidèle** – c'est-à-dire retraçant la **réalité économique** – du patrimoine de l'entreprise (dans son Bilan) et de son résultat (dans son Compte de Résultat).

Bilan abrégé

ACTIF	Exercice N			Exercice N-1	PASSIF	Exercice N	Exercice N-1
	Brut	Amort. et dépréciation (à déduire)	Net	Net			
Actif immobilisé : Immobilisations incorporelles : - fonds commercial - autres	206-207 201-208	280-290			**Capitaux propres :** Capital	101-108	
Immobilisations corporelles	21-23	281-291			Réserves	106	
Immobilisations financières	27	297			Report à nouveau (1)	110 ou 119	
Total I	X	X	X	X	Résultat de l'exercice (bénéfice ou perte) (1)	120 ou 129	
Actif circulant : Stocks et en-cours (autres que marchandises)	31 à 35	391 à 395			Provisions réglementées	145 à 148	
Marchandises	37	397			**Total I**	X	X
Avances et acomptes versés	409				**Provisions (II)**	15 X	X
Créances : - clients et comptes rattachés - autres	410 428-43D-444 D -445 D-455 D-46	491 496			**Dettes :** Emprunts et dettes assimilées	16 - 51C	
Valeurs mobilières de placement	50	590			Avances et acomptes reçus	419	
Disponibilités (autre que caisse)	51D-54-58				Fournisseurs et comptes rattachés Autres	400 421-428-43C-444C-445C-447-455C-46	
Caisse	53						
Total II	X	X	X	X	**Total III**	X	X
Charges constatées d'avance **(III)**	486				Produits constatés d'avance **(IV)**	487	
TOTAL GÉNÉRAL (I+II+III)	X	X	X	X	**TOTAL GÉNÉRAL (I+II+III+ IV)**	X	X

(1) Montant précédé du signe (-) en cas de perte.

Compte de Résultat abrégé

CHARGES (hors taxes)	Exercice N	Exercice N-1
Charges d'exploitation : Achats de marchandises	607	
Variation de stocks (marchandises) (1)	6037	
Achats d'approvisionnements	60 (sauf 607)	
Variation de stocks (approvisionnements) (1)	6031-6032	
Autres charges externes	61-62	
Impôts, taxes et versements assimilés	63	
Rémunérations du personnel	641-644	
Charges sociales	645-646	
Dotations aux amortissements	6811	
Dotations aux provisions et dépréciations	6815 à 6817	
Autres charges	65	
Charges financières	66-686	
Total I	X	X
Charges exceptionnelles (II)	67-687-691	
Impôts sur les bénéfices **(III)**	695-697	
Total des charges **(I +II+III)**	X	X
Solde créditeur : bénéfice	X	X
TOTAL GÉNÉRAL	X	X

(1) Stock initial moins stock final.

PRODUITS (hors taxes)	Exercice N	Exercice N-1
Produits d'exploitation : Ventes de marchandises	707-709	
Production vendue (biens et services)	701-706-708-709	
Production stockée	713	
Production immobilisée	72	
Subventions d'exploitation	74	
Autres produits	75-781-79	
Produits financiers	76-786-79	
Total I	X	X
Produits exceptionnels (II)	77-787-79	
Total des produits **(I +II)**	X	X
Solde débiteur : perte	X	X
TOTAL GÉNÉRAL	X	X

DÉBIT
CRÉDIT
?
?

Chapitre 6

ENFIN LES MOTS « DÉBIT » ET « CRÉDIT »

6.1 Débit/crédit et relevé bancaire

Jusqu'à maintenant, Estelle n'a jamais employé les mots « **débit** » et « **crédit** » pour expliquer le fonctionnement des comptes. En comptabilité, ces mots sont synonymes de « gauche » et de « droite ». On dit :

- **débit** pour l'inscription à **gauche** d'un compte ;
- **crédit** pour l'inscription à **droite** d'un compte.

— Ah ! Mais pourquoi n'as-tu jamais utilisé ce vocabulaire-là avant ? demande Louis.

— Parce que toutes mes explications partent du cash, donc des entrées et des sorties de trésorerie. Et, depuis des années, tu sais que les entrées de trésorerie sont à gauche et les sorties à droite.

— Oui et alors ?

— Suppose que je commence mes explications dans le chapitre 1 en disant que, dans le compte Trésorerie, les **entrées de cash sont « débitées » et les sorties de cash sont « créditées ».** C'est l'inverse de ce à quoi toute personne ayant un compte en banque s'attend puisque, sur son relevé bancaire, ses entrées d'argent sont créditées et ses sorties d'argent sont débitées.

— Comment est-ce possible, alors ? Ce n'est pas l'inverse de tout ce que tu m'as expliqué ? s'inquiète Louis.

— Mais non : il y a en fait une confusion au niveau de la perception de ton relevé bancaire. Bien qu'il y ait le mot « bancaire », ton relevé n'est pas un compte de trésorerie : ce n'est pas un compte Banque comme celui que tu as fait jouer dans l'entreprise Surf. Si ta banque est, par exemple, la Société Générale, le relevé bancaire qu'elle t'adresse tous les mois s'appelle aussi un « **relevé de compte** ». Et c'est exactement ce qu'est ton relevé : la Société Générale t'envoie un extrait de sa comptabilité. Elle t'envoie **l'état de ton compte dans son Grand Livre**.

— Mon relevé de compte est un extrait de la comptabilité de la Société Générale ?

— Les mots sont trompeurs, Louis. Ton relevé bancaire est un extrait de ton compte À la banque – tu parles d'ailleurs souvent de ton compte EN banque –, et non un compte DE banque. C'est en fait un **compte de dettes** dans la comptabilité de la Société Générale.

— Un compte de dettes ? reprend Louis un peu perplexe.

— Rappelle-toi qu'il faut toujours se mettre « du côté » de l'entreprise dont on regarde les comptes pour ne pas se tromper. Dans mes explications sur ton relevé bancaire, nous sommes **dans la comptabilité de la Société Générale**. Tu vas comprendre très vite avec un exemple. Supposons que tu déposes 1 000 euros à la Société Générale le 1er juin. Que se passe-t-il dans le compte Trésorerie de la banque ? Reçoit-elle de l'argent ou t'en prête-t-elle ?

— Eh bien, elle en reçoit ; donc son compte Trésorerie est mouvementé à gauche.

— Parfait. Dessine les deux comptes qui jouent **dans la comptabilité de la Société Générale**, en respectant la règle de la partie double :

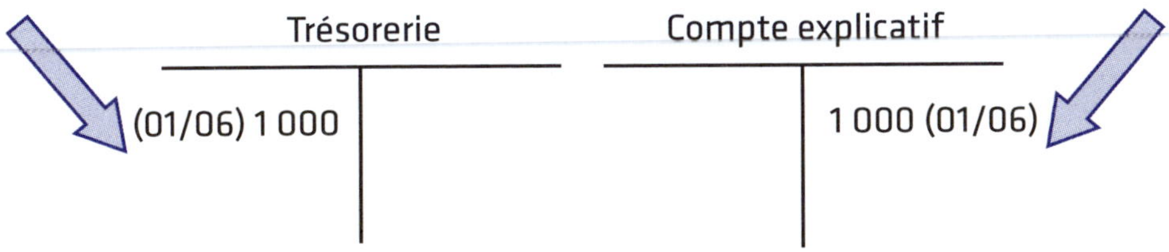

— Tu dois donner un nom à ce compte explicatif. Comme d'habitude, tu le baptises du nom du tiers avec lequel la Société Générale est en relation du fait de cette opération.

— Eh bien, **c'est moi le tiers** ! s'exclame Louis.

— Exact. Allons plus loin. Ces 1 000 euros appartiennent-ils définitivement à la Société Générale ?

— Non puisque je pourrai puiser dedans dès que j'en aurai besoin. L'entrée de cash n'est que temporaire pour ma banque : elle en dispose tant que je ne prélève rien sur mon compte.

— Et puisqu'il s'agit d'une ressource temporaire pour la Société Générale, elle doit faire jouer un compte de dettes dans sa comptabilité. Tu peux donc baptiser le compte explicatif « Dette - Louis ».

— Comme le compte « Dette - Maman » quand j'avais acheté mon vélo ! constate Louis, content de ce rapprochement.

— Tout à fait Louis. Reprenons, dans la comptabilité de la Société Générale, les deux comptes impactés par ton dépôt de 1 000 euros le 1er juin :

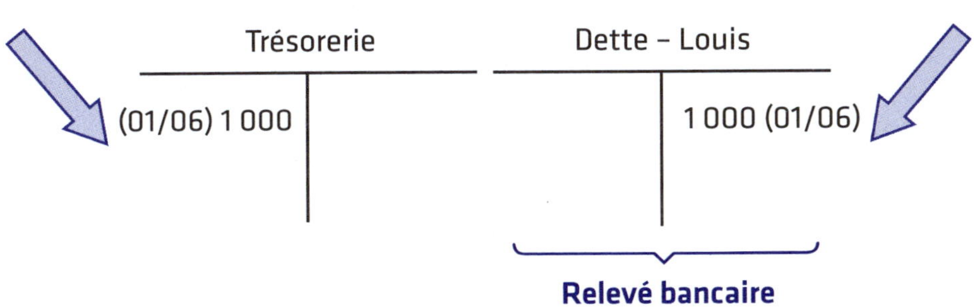

— Eh oui ! Et tu sais que les comptes de dettes ont des entrées à droite. Quand tu déposes de l'argent, la dette de la Société Générale à ton égard augmente ; ton compte est donc – à juste titre – « crédité » au moment de ton dépôt de 1 000 euros. Supposons maintenant que, le 15 juin, tu prélèves 100 euros avec ta carte bancaire. Que se passe-t-il dans la comptabilité de la Société Générale ?

— La Société Générale me rend 100 euros qui sont alors inscrits à droite, dans la colonne des sorties de son compte Trésorerie. Il faut faire jouer un compte explicatif à gauche, mais lequel ? se demande Louis assez perplexe.

— Je vais t'aider, reprend Estelle. Après avoir retiré 100 euros, il te reste 900 euros sur ton compte en banque. Donc la Société Générale ne te doit que 900 euros le 15 juin. Sa dette à ton égard est passée de 1 000 à 900 euros. Son compte de dettes a donc dû jouer à gauche, dans la colonne des sorties, pour 100 euros.

— Mon compte « Dette - Louis », qui a des entrées à droite, joue donc à gauche lors de mon retrait de 100 euros. Tiens, tiens… Je comprends maintenant pourquoi mon compte est « débité » quand je retire de l'argent.

— Louis, ce n'est que l'application de tout ce que nous avons appris ensemble. Voyons les écritures dans les deux comptes concernés par les deux opérations successives que nous venons d'évoquer (ton dépôt de 1 000 euros à la banque le 1er juin et ton retrait de 100 euros par carte bancaire le 15 juin).

Les deux comptes se présentent ainsi :

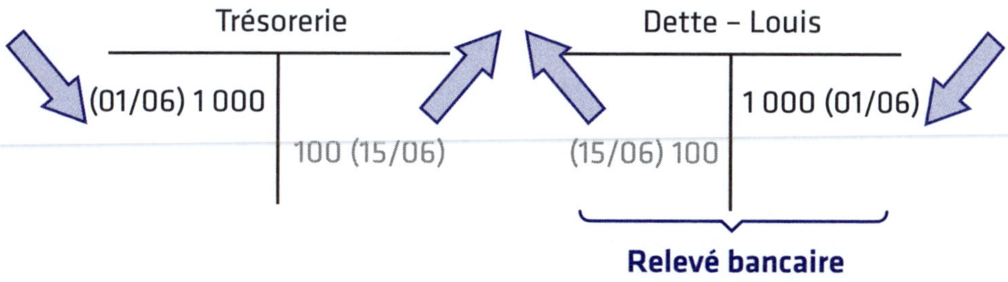

— Après ton retrait de 100 euros, souligne Estelle, le compte « Dette - Louis » a bien un solde de 900 euros.

— Le langage comptable répond vraiment à toutes les situations, observe Louis. Il permet de retracer toutes les opérations qui affectent le patrimoine d'une entreprise. Il faut juste que les opérations soient chiffrables, c'est-à-dire que l'on puisse les mesurer, sinon il n'y aurait pas de montant à inscrire dans les comptes. En comptabilité, on ne peut travailler **que sur ce qui peut être compté**. Or, pour compter, il faut des **chiffres**. Et je commence à bien les aimer ces chiffres…

— Oui et tu n'as encore rien vu ! La comptabilité est la mémoire de l'entreprise, qui se présente sous la forme d'**une base de données bien organisée**, avec ses classes de comptes et la logique des comptes d'emploi et de ressource. L'informatique a rendu encore plus pertinente cette organisation avec des classes et des numéros de comptes hiérarchisés. La comptabilité sert de base à l'élaboration d'**outils de gestion** tels que le calcul des coûts et des marges – qu'on appelle la « comptabilité analytique », dont je t'ai parlé quand nous avons évoqué le classement des charges par fonction, et qui s'appuie sur les comptes de gestion – ou encore l'analyse de la structure financière, qui se base sur les comptes de situation.

— L'organisation des informations comptables imposées par le plan comptable ne sert donc pas qu'à élaborer les états financiers en fin d'exercice, constate Louis. **Cette organisation permet de « piloter » efficacement l'entreprise**. De plus en plus intéressant la compta !

6.2 Soldes débiteurs/soldes créditeurs

— Les mots « débiteur » et « créditeur » sont employés de façon très logique, continue Estelle. Un compte qui a des entrées à **gauche (en débit)** aura un **solde débiteur** ; un compte qui a des entrées à **droite (en crédit)** aura un **solde**

créditeur. En effet, dans un compte, on ne peut pas sortir plus que ce qui y est entré. On peut, au maximum, sortir tout ce qui y est entré : le compte a alors un solde égal à zéro. Et remémore-toi l'exemple du remboursement d'emprunt avec intérêts, examiné longuement au chapitre 3 : dans le compte de dettes, tu ne pouvais pas sortir plus que le montant emprunté. Les intérêts ont donc été inscrits ailleurs, dans un compte de charges (compte 66 - Frais financiers). Une remarque cependant, qui rejoint le fonctionnement de ton propre compte en banque : **le seul compte qui puisse enfreindre cette règle (ne pas sortir plus que ce qui y est entré) est le compte 51 - Banque.** Quand l'entreprise a un découvert bancaire, elle a puisé dans son compte Banque – dont les entrées sont à gauche, en débit – tout l'argent qui y était entré et elle est même allée au-delà. **C'est cet « au-delà » qui est égal au montant du découvert bancaire**. Le solde du compte Banque (qui est normalement débiteur quand la trésorerie n'est pas tendue) devient créditeur. **Il change alors de nature** : au lieu d'être un compte de trésorerie, il devient un **compte de dettes** ; il a alors un solde créditeur et se trouve logiquement au Passif du Bilan.

— Euh…

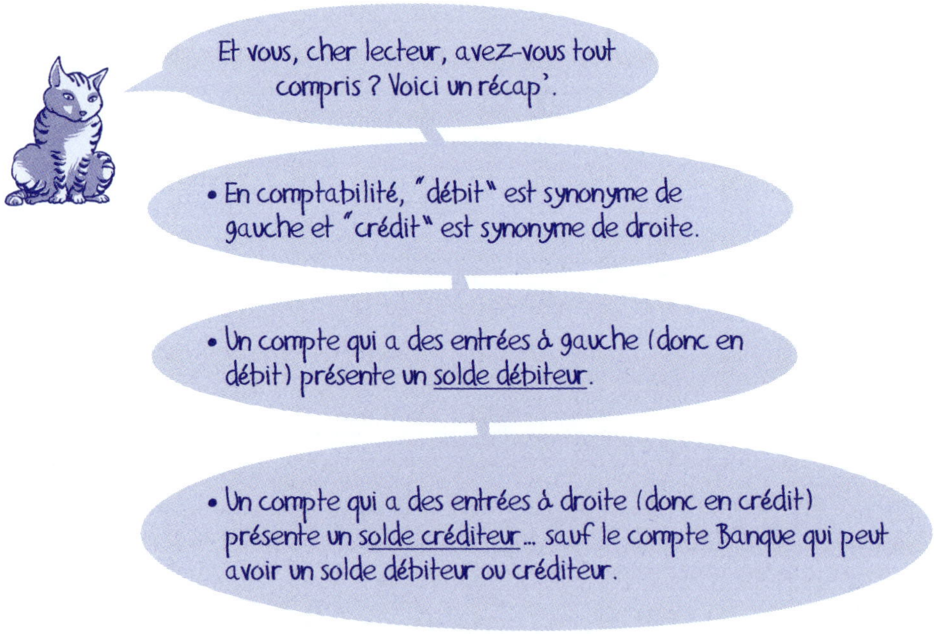

— En fin d'année, reprend Estelle, tous **les soldes débiteurs** se retrouvent en débit (donc à **gauche**) du Bilan ou du Compte de Résultat ; de même, tous **les soldes créditeurs** se retrouvent en crédit (donc à **droite**) du Bilan ou du Compte de Résultat. J'attire ton attention sur un point : grâce au calcul de son solde, chaque compte ne se présente plus avec deux colonnes (une pour les entrées, une pour les sorties) mais **il est réduit à un seul montant**, qui est ce solde. On peut alors le positionner soit à gauche (s'il a un solde débiteur), soit à droite (s'il a un solde créditeur) dans un document de synthèse. Chaque compte trouve sa place en fonction de son solde (débiteur ou créditeur) et de sa nature (temporaire ou définitif). Le seul compte qui présente soit un solde débiteur, soit un solde créditeur, est le compte Banque. Si le compte Banque est débiteur, même si c'est contre-intuitif car nous raisonnons par rapport aux mots utilisés sur nos propres relevés bancaires, il figure dans la trésorerie de l'entreprise, à l'Actif de son Bilan ; le compte Banque reprend les avoirs monétaires qu'elle détient à la date d'élaboration du Bilan. Si le solde est créditeur, il figure dans les dettes, au Passif de son Bilan. Est-ce que c'est plus clair pour toi ?

— Un peu…

— Je vais dessiner les deux documents de synthèse et les classes de comptes (avec le sens de fonctionnement des comptes) pour récapituler tout ce que je viens d'aborder :

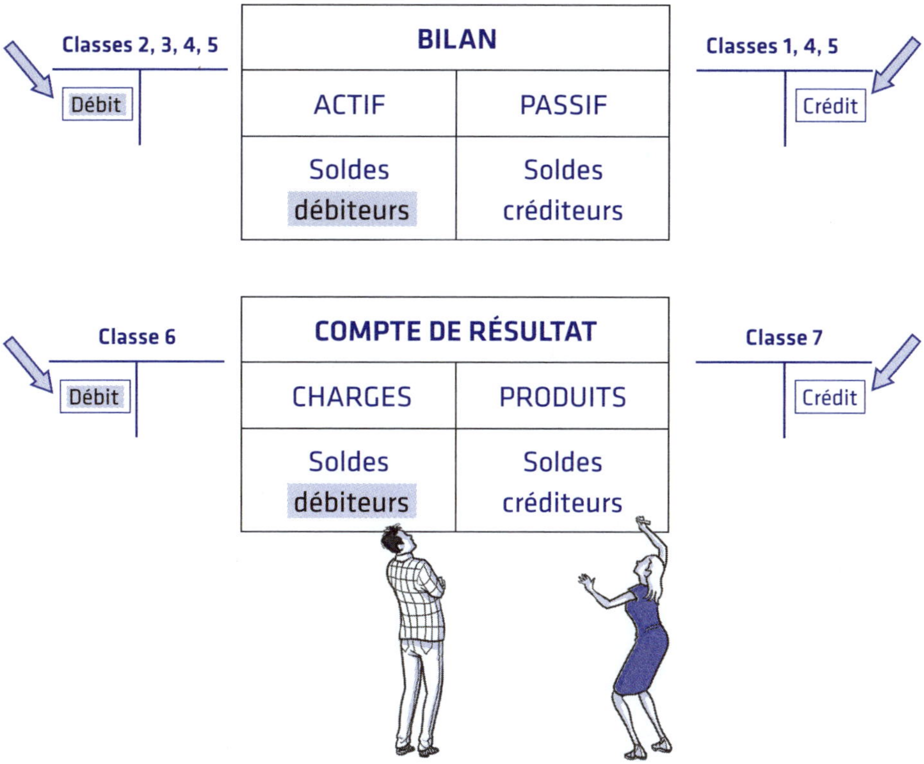

6.3 Créances-débiteurs/dettes-créanciers

— Pour terminer sur le vocabulaire comptable lié aux notions de débit et de crédit, je voudrais revenir sur les comptes de créances et les comptes de dettes qui figurent au Bilan, annonce Estelle. Commençons par une précision, valable pour les particuliers comme pour les entreprises : on consent un crédit **À** quelqu'un et on souscrit un emprunt **AUPRÈS** de quelqu'un.

— Si j'ai besoin d'argent pour financer l'achat d'un studio, je vais emprunter **auprès** de ma banque, reprend Louis.

— Exactement. Et tu sais qu'à l'Actif figurent les comptes ayant des entrées à gauche, en débit ; on y inscrit donc les soldes débiteurs. Prenons comme exemple le compte Clients. **L'entreprise a une créance sur son client : ce dernier lui doit de l'argent**. Le compte Clients a un solde débiteur : on parle des « **débiteurs** » à l'Actif quand on vise les tiers qui doivent de l'argent à l'entreprise. Le compte Clients correspond à une **créance** détenue par l'entreprise ; il porte donc le nom de l'**emprunteur** (ici le client, qui est le **tiers** en relation avec l'entreprise du fait de l'opération de vente). Une créance sur un client correspond à un prêt généré par le délai de paiement accordé par l'entreprise à son client. Lors d'une vente à crédit, le compte Clients joue en attendant le règlement du client.

— Et au Passif, quels sont les tiers mentionnés ? demande Louis.

— Au Passif, répond Estelle, figurent les comptes ayant des entrées à droite, en crédit ; on y inscrit donc les soldes créditeurs. Prenons comme exemple le compte Fournisseurs. **L'entreprise a une dette auprès de son fournisseur : elle lui doit de l'argent**. Le compte Fournisseurs a un solde créditeur : on parle des « **créanciers** » au Passif quand on vise les tiers auxquels l'entreprise doit de l'argent. Le compte Fournisseurs correspond à une **dette** supportée par l'entreprise ; il porte donc le nom du **prêteur** (ici le fournisseur, qui est le **tiers** en relation avec l'entreprise du fait de l'opération d'achat). Une dette auprès d'un fournisseur correspond à un emprunt généré par le délai de paiement accordé par le fournisseur à l'entreprise. Lors d'un achat à crédit, le compte Fournisseurs joue en attendant le règlement au fournisseur.

— C'est assez incompréhensible de mettre les créances ou les débiteurs à l'Actif, et de mettre, au Passif, les dettes ou les créanciers, constate Louis un peu dépité.

— Non, c'est simplement contre-intuitif. Ça vient du fait que la même opération est vue sous des angles différents par l'entreprise. Quand elle retient les mots « créances » et « dettes », elle se positionne **sur ce qu'elle détient** : on lui doit ses créances, elle doit ses dettes. Quand elle retient le nom des débiteurs ou des créanciers, elle se positionne **au niveau des tiers avec lesquels elle est en relation** : ceux qui lui doivent de l'argent (= les débiteurs à l'Actif), ou ceux auxquels elle doit de l'argent (= les créanciers au Passif).

Ce schéma devrait t'aider :

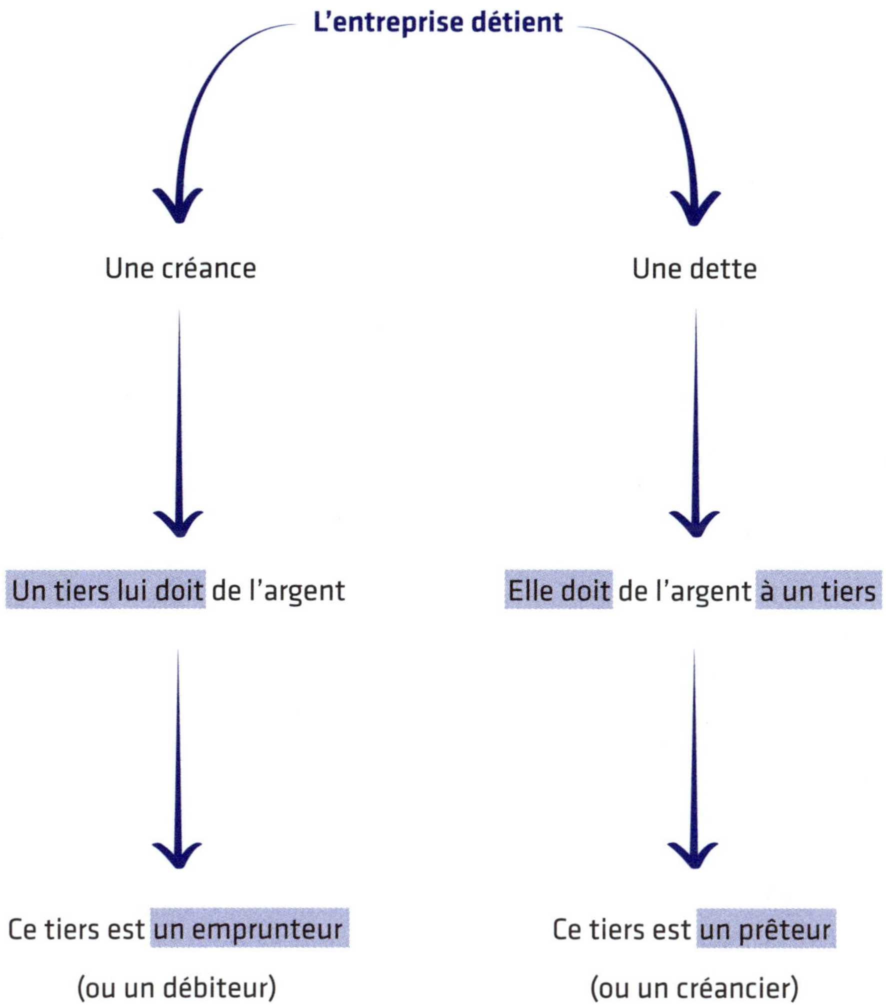

— Il est dès lors possible d'utiliser trois mots différents pour parler de la même chose. À l'Actif, on peut dire : créances, emprunteurs, débiteurs ; et au Passif, on peut dire : dettes, prêteurs, créanciers.

— On dit « débiteurs » à l'Actif alors qu'au Passif on parle de « créanciers » et non de créditeurs… soupire Louis, dérouté.

— Eh oui ! Il n'y a pas toujours une symétrie parfaite dans les termes comptables, conclut Estelle.

Après toutes ces précisions, tu devrais mieux comprendre le tableau suivant, qui reprend ce nouveau vocabulaire et ajoute les mots « prêts » et « emprunts » :

ACTIF	PASSIF
CRÉANCES (ou PRÊTS) = DÉBITEURS = Nom des emprunteurs (1)	DETTES (ou EMPRUNTS) = CRÉANCIERS = Nom des prêteurs (1)
Ainsi :	
• Les **créances** sont à l'Actif • Les **emprunteurs** sont à l'Actif	• Les **créanciers** sont au Passif • Les **emprunts** sont au Passif

(1) Tiers en relation avec l'entreprise.

6.4 Déroulement des opérations comptables

— Il faut enfin que je t'explique l'ouverture des comptes de Surf au 1er janvier (N+1), qui est le début du nouvel exercice comptable. **Le patrimoine de Surf le 1er janvier (N+1) est identique à celui de la veille**, qui figure dans le Bilan au 31 décembre de l'année N. En effet, la photo de son patrimoine est valable le lendemain matin, avant toute opération à enregistrer au titre de ce nouvel exercice. Les comptes de situation (classes 1 à 5) vont donc repartir « **pleins** » le 1er janvier (N+1) ; le solde de la veille est inscrit dans la colonne « entrées » de chaque compte. En revanche, le 1er janvier (N+1), les comptes de produits et de charges redémarrent « **vides** » : aucune vente et aucune consommation de facteur de production n'ont encore été réalisées pour l'exercice (N+1) qui débute.

— Pourrais-tu illustrer ce que tu viens de dire ? demande Louis.

— Regarde ce croquis Louis :

1er janvier (N+1) : ouverture des comptes

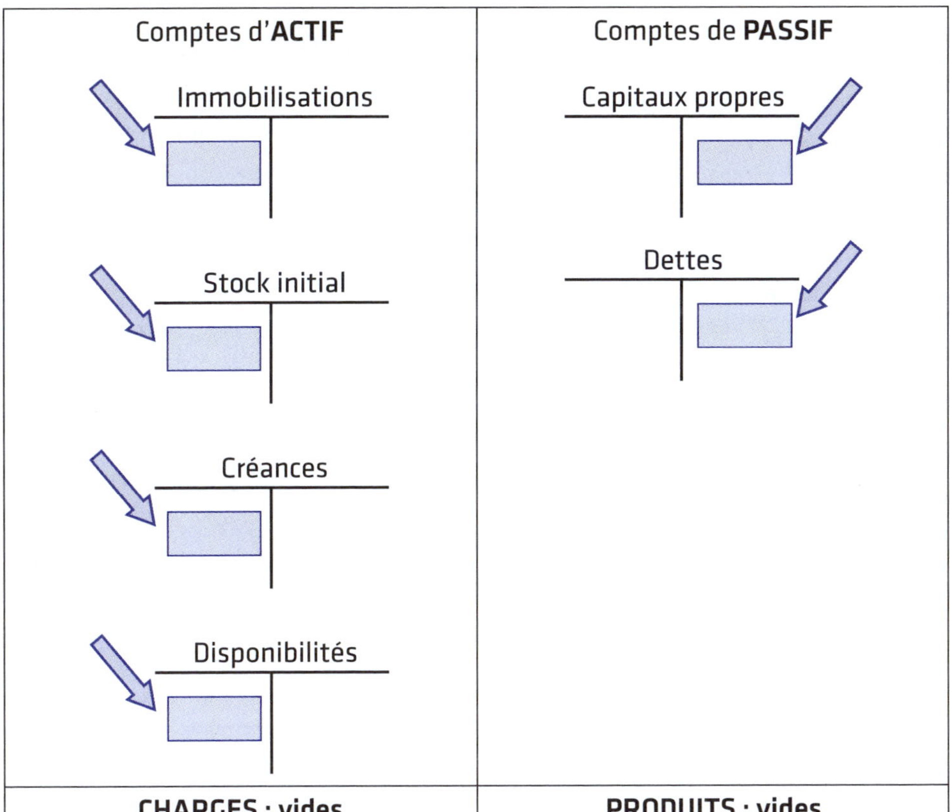

Solde au 1er janvier (N+1) : montant égal au solde du 31 décembre N.

— Tu vois que, lors de l'ouverture des comptes au 1er janvier (N+1), les comptes de situation ont des soldes qui reprennent les montants figurant dans le Bilan au 31 décembre N (Bilan de clôture de l'exercice précédent). Les comptes d'**Actif** ont des soldes à **gauche** (colonne des **entrées**) ; les comptes de **Passif** ont des soldes à **droite** (colonne des **entrées**). Les comptes de gestion sont à zéro le 1er janvier (N+1) puisque, au moment de l'ouverture des comptes, aucune opération concernant la gestion de l'exercice (N+1) n'a encore été effectuée.

— C'est très clair, confirme Louis.

— Pour visualiser le déroulement des opérations sur un exercice comptable, je te propose, Louis, de repartir du 1er janvier (**ouverture** des comptes en T), puis de mentionner le fonctionnement des comptes pendant les douze mois de l'année pour finir sur les travaux de fin d'exercice (**clôture** des comptes en T et élaboration du Bilan et du Compte de Résultat).

Déroulement des opérations comptables sur un exercice

1er janvier : ouverture	**Pendant l'année**	**31 décembre : clôture**	
		Inventaire	**Élaboration des documents de synthèse**
1) Comptes de situation : Actif Passif **(la photo du patrimoine)** 2) Comptes de gestion : vides **(le « film » commence)**	Enregistrement des opérations dans les comptes : - règle de la partie double - règle « situation/gestion »	1) Informations extra-comptables (exemple : valorisation du stock final) 2) Enregistrement de ces informations (en partie double) dans les comptes 3) **Soldes des comptes en T**	Bilan Compte de Résultat

Soldes ▭

— Je commence à bien comprendre la comptabilité ! affirme Louis, très satisfait. Je vais pouvoir me lancer dans l'**additif**, réservé à ceux qui veulent aller plus loin…

— Bien sûr, Louis, tu peux aller plus loin mais seulement si tu es sûr d'avoir **parfaitement** intégré tout ce que j'ai expliqué ! J'espère que les lecteurs ont eux aussi compris l'enchaînement du raisonnement comptable et que, grâce au raisonnement progressif et aux illustrations, ils aiment dorénavant la comptabilité autant que toi !

Conclusion

- Pour vous faire vivre cette grande aventure qu'est la découverte de la comptabilité, j'ai pris le parti de ne pas utiliser les mots « débit » et « crédit » dans les chapitres précédents.
- La compréhension des mécanismes comptables n'impose pas d'utiliser les mots « débit » et « crédit ».
- De même, chacun pourra approfondir le contenu des différents comptes en lisant un livre « classique » de comptabilité. La description de leurs contenus ne demande pas d'effort de raisonnement ; il suffit de lire.
- Mais la **réalité économique (emploi/ressource) qui se cache derrière chaque compte** n'est pas souvent bien appréhendée : or, elle est essentielle pour comprendre l'organisation de cette **base de données économiques** qu'est la comptabilité. Elle facilite grandement le cheminement dans le plan de comptes, lors de la recherche d'informations.

  Pour trouver une information, c'est en effet utile de connaître sa nature économique afin de localiser rapidement dans quelle classe de comptes elle figure.
- Et si, perdu dans les détails, vous oubliez le sens profond de la classe de comptes dans laquelle vous naviguez, replongez-vous dans les explications données à Louis !

LE CASH : LA CLÉ DE LA COMPTABILITÉ ET DE L'ÉVALUATION

La comptabilité : un langage universel

Que l'on vive à Paris, New York ou Pékin, le langage comptable est le même, avec comme clé : le cash. Partout l'espace comptable s'organise autour de l'égalité **emplois = ressources**, en distinguant les opérations temporaires et définitives.

Dans le monde entier, l'espace comptable comporte 4 parties : l'Actif, le Passif, les Charges et les Produits, qui recouvrent la même réalité :

- l'Actif et les Charges sont des **emplois** ;
- le Passif et les Produits sont des **ressources**.

Et seuls les charges et les produits sont des opérations définitives qui impactent le résultat.

La différence entre les pays réside dans le classement des comptes à l'intérieur de ces quatre parties de l'espace comptable. Une simple table de transposition permet de résoudre les problèmes de correspondance entre deux plans de comptes différents.

En évaluation aussi : la clé, c'est le cash !

Le cash est le point de départ de mes explications : c'est là toute l'originalité de ma méthode. Mais le cash est également devenu la référence en matière d'évaluation. En effet, la valeur d'une entreprise dépend de **sa capacité à générer de la trésorerie** dans l'avenir. Les dirigeants font alors des projections de charges et de produits sur les trois ou cinq années à venir : ils élaborent un plan d'affaires (= business plan).

Comme un euro dans le futur est plus risqué qu'un euro dans l'immédiat, les flux de trésorerie futurs – mentionnés dans le plan d'affaires – sont actualisés à l'aide d'un taux reflétant le niveau des risques encourus.

Cette **valorisation par le cash** s'appelle la « méthode des flux de trésorerie actualisés » (en anglais : *Discounted Cash Flows* ou DCF). Ainsi, en évaluation aussi : **LA CLÉ, C'EST LE CASH !**

Glossaire

Actif : patrimoine détenu à une date donnée.

Avoir : synonyme d'Actif.

Avoir monétaire : synonyme de trésorerie.

Banque : compte où sont enregistrés les paiements par chèque, virement et carte bancaire.

Bilan : document décrivant, à une date donnée, le patrimoine vu des deux côtés : éléments détenus (à gauche), financement de ces éléments (à droite).

Caisse : compte où sont enregistrés les paiements en espèces (en argent liquide : pièces et billets).

Cash : synonyme de trésorerie.

Charge : appauvrissement.

Classe : famille de comptes portant un numéro, de 1 à 7 en France.

Compte Client : compte d'attente créé lors d'une vente à crédit, en attente de son encaissement.

Compte de Résultat : document décrivant, sur une période donnée, les charges (à gauche) et les produits (à droite).

Compte en T : tableau qui ressemble à la lettre T, avec deux colonnes : une pour les entrées et une pour les sorties.

Compte Fournisseur : compte d'attente créé lors d'un achat à crédit, en attente de son décaissement.

Compte soldé : compte dont le solde est à zéro à une date donnée.

Compte Trésorerie : compte pivot à partir duquel ont été créés tous les autres comptes.

Compte de gestion : compte de charges ou compte de produits.

Compte de situation : compte d'Actif ou compte de Passif.

Compte explicatif : compte créé pour expliquer les entrées et les sorties de trésorerie.

Crédit : synonyme de droite.

Dépense : sortie d'argent (en espèces ou par chèque, virement, carte bancaire).

Débit : synonyme de gauche.

Disponibilité : synonyme de trésorerie.

Documents de synthèse (ou états financiers) : Bilan et Compte de Résultat.

Écriture comptable : enregistrement d'une opération à l'intérieur des comptes.

Emploi (compte d') : compte dont les entrées **expliquent** une sortie de trésorerie.

Enregistrement : écriture d'un montant dans un compte (synonyme d'enregistrer, comptabiliser, faire jouer, mouvementer).

Gestion : activité qui engendre des charges et des produits.

Grand Livre : document qui rassemble tous les comptes en T utilisés en comptabilité.

Immobilisation : bien (matériel ou immatériel) destiné à rester durablement dans le patrimoine.

Opération définitive : opération qui entraîne une entrée ou une sortie de trésorerie irréversible.

Opération temporaire : opération qui entraîne une entrée ou une sortie de trésorerie provisoire.

Paiement : encaissement ou décaissement.

Passif : moyen ayant permis de financer l'Actif à une date donnée.

Produit : enrichissement.

Quasi emploi : colonne des sorties d'un compte de ressource.

Quasi ressource : colonne des sorties d'un compte d'emploi.

Recette : entrée d'argent (en espèces ou par chèque, virement, carte bancaire).

Règle de la partie double : enregistrement d'une opération deux fois et en sens inverse (une fois à gauche, une fois à droite).

Règle « situation/gestion » : enregistrement d'une opération dans les comptes de situation et, s'ils ne suffisent pas, enregistrement de l'écart dans les comptes de gestion.

Relevé bancaire : extrait de la comptabilité de votre banque qui indique ce qu'elle vous doit (= compte de dettes).

Ressource (compte de) : compte dont les entrées **expliquent** une entrée de trésorerie.

Résultat d'un exercice : total des produits – total des charges de l'exercice (enrichissement net = bénéfice ; appauvrissement net = perte).

Sens de fonctionnement d'un compte : colonne où sont inscrites les entrées (gauche ou droite).

Solde : montant net (total des entrées – total des sorties) existant dans un compte à une date donnée.

Solde créditeur : solde d'un compte qui a ses entrées en crédit (à droite).

Solde débiteur : solde d'un compte qui a ses entrées en débit (à gauche).

Trésorerie (cash) : argent disponible soit en espèces, soit sur un compte en banque.

Additif (réservé à ceux qui veulent aller plus loin)

LES OPÉRATIONS D'INVENTAIRE

Nous allons maintenant plonger dans les opérations d'inventaire.
Je ne devrais pas être noyé car je connais sur le bout des doigts les deux règles de fonctionnement des comptes...

— Dans cet additif, Louis, je vais donc t'expliquer les opérations d'inventaire dont l'élément déclencheur n'est pas le cash.

Tu sais que la vie d'une entreprise est découpée en tranche de douze mois, appelée « exercice ». Or, le **RÉSULTAT** de chaque exercice doit être calculé sur cette période, **quelle que soit la date de paiement des charges et des produits**. Tu vois bien que la date de paiement n'est plus le point de repère.

— Avant d'aller plus loin, retiens que – lors de l'inventaire – l'entreprise doit respecter DEUX PRINCIPES COMPTABLES FONDAMENTAUX : **le principe de prudence** et **le principe d'indépendance** des exercices. Je parle ici de principes et non de règles, les règles concernant le mode de fonctionnement des comptes.

1. Opérations d'inventaire – Stocks

— Pour t'expliquer l'inventaire, il faut partir de tous les comptes en T qui ont joué pendant l'année et qui ont été arrêtés le 31 décembre, reprend Estelle. Chaque compte présente alors un solde, qui est appelé « **solde AVANT inventaire** ». Mais ces soldes ne reflètent pas toujours la réalité.

— Si les soldes ne reflètent pas la réalité, c'est que la comptabilité est fausse… remarque Louis. Quel constat !

— Non, Louis, la comptabilité n'est pas fausse mais l'enregistrement à partir du cash ne reflète pas toujours la réalité du résultat réalisé pendant l'exercice. Il faut alors avoir recours aux opérations d'inventaire, qui ne sont **pas liées à un flux de trésorerie** ; elles sont déclenchées par des informations

« **extra-comptables** », c'est-à-dire des informations qui ne se trouvent pas dans les comptes en T qui ont fonctionné pendant l'année (= le Grand Livre). Il faut **sortir des comptes**, regarder ailleurs, puis revenir dans la comptabilité pour enregistrer ces opérations.

Lors des écritures d'inventaire, il faut toujours faire jouer la règle de la partie double. J'emploierai – pour éviter toute confusion avec les écritures en cours d'année – les mots « **compte de contrepartie** » (et non pas « compte explicatif ») pour le compte qui « équilibrera » l'écriture d'inventaire. Je précise également que les écritures d'inventaire font toujours jouer un compte de situation ET un compte de gestion. Il faut dès lors, comme c'est ton cas, connaître sur le bout des doigts les deux règles de fonctionnement **des comptes**.

— Peux-tu me donner un exemple ?

— Prenons les stocks de longboards chez Surf, poursuit Estelle. Surf utilisant l'inventaire intermittent, son stock est gelé pendant l'année dans sa comptabilité. À la fin de l'année, lors de l'élaboration de ses états financiers, Surf doit remplacer le stock initial par le stock final.

Louis part relire le paragraphe sur les stocks au chapitre 5 et revient.

— Effectivement, tu m'avais dit que l'annulation du stock initial était **la première écriture d'inventaire**, remarque Louis. Elle respecte bien la règle de la partie double et fait bien jouer un compte de situation (compte 37) et un compte de gestion (compte 603-7).

— L'information extra-comptable consiste à SORTIR de la comptabilité, à aller dans l'entrepôt pour dénombrer les longboards et les valoriser, puis à REVENIR dans la comptabilité pour enregistrer le montant du stock final. Il s'agit là de **la seconde écriture d'inventaire**, continue Estelle.

— Tu mentionnes une information extra-comptable mais l'inventaire est fait DANS l'entreprise ?

— Le mot « extra-comptable » signifie qu'**il faut sortir du Grand Livre**. L'information extra-comptable est celle que tu ne lis pas directement dans les comptes, mais elle peut être dans l'entreprise, et même dans le service comptable…

— Ça commence à devenir « calé » les opérations d'inventaire !

— Dernière précision, finalise Estelle : l'inventaire physique des stocks a donné son nom, par extension, aux autres opérations d'inventaire qui concernent :

- les amortissements et les charges probables ;
- la régularisation des charges et des produits.

2. Amortissements et charges probables.

Estelle énonce **le principe de prudence** qui impose que le RÉSULTAT comprenne :

- TOUTES les pertes, qu'elles soient réalisées ou probables ;
- mais SEULEMENT les plus-values RÉALISÉES.

Estelle souligne que « pertes » est synonyme de charges et que « plus-values » est synonyme de produits. Elle précise également que :

- l'enregistrement de toutes les charges consommées dans l'exercice conduit à comptabiliser des amortissements ;
- l'enregistrement des pertes probables conduit à comptabiliser des « dépréciations » ou des « provisions », selon la nature économique de la perte anticipée.

— Encore des mots nouveaux… soupire Louis.

2.1 Amortissements

— Commençons par les amortissements, explique Estelle. Je reprends l'exemple de l'achat d'une photocopieuse de 1 500 euros par Surf, le 2 janvier N. La sortie de trésorerie ayant eu lieu le 2 janvier N, Surf a enregistré à cette date 1 500 euros

à droite de son compte Trésorerie et a rentré 1 500 euros à gauche en immobilisations corporelles. Or, cette photocopieuse est utilisée sur 3 ans. Chaque année, Surf « consomme » donc 1/3 de son prix d'acquisition, soit 500 euros. Mais **il n'y a plus de mouvement de trésorerie** lié à la photocopieuse après son achat : rien n'a donc été enregistré dans les comptes depuis le 2 janvier. Or, parmi les facteurs de production consommés par Surf pendant l'exercice N, il y a bien 500 euros de photocopieuse.

— Ah oui ! s'exclame Louis après avoir eu un déclic. Je me rappelle que ce type de charge s'appelle une « dotation aux amortissements » et elle porte le numéro 68.

— Rien ne se passerait en comptabilité s'il n'y avait pas la recherche d'une information extra-comptable puis son enregistrement dans les comptes, poursuit Estelle.

— Et quelle est cette mystérieuse information extra-comptable ?

— Elle ne se trouve pas dans les comptes en T, répond Estelle. En revanche, le service comptable détient un fichier des immobilisations avec, pour chaque immobilisation : le prix d'acquisition, la durée d'utilisation et le mode d'amortissement.

— Le **mode d'amortissement** ? interroge Louis.

— Oui, c'est le **rythme d'usure** prévue pour chaque immobilisation. Le mode linéaire – celui que Surf applique à sa photocopieuse – est le plus simple : il s'agit d'une consommation annuelle **identique** tous les ans. Il peut aussi y avoir un mode d'amortissement **dégressif** (la dotation aux amortissements baisse sur la durée d'utilisation) ou, plus rarement, un mode **progressif**. Revenons à l'écriture d'inventaire. Le responsable comptable de Surf cherche, dans le fichier des immobilisations, le montant de la dépréciation annuelle de la photocopieuse ; cette dépréciation est une **perte certaine** puisqu'il s'agit d'une usure de l'immobilisation. Puis, il doit enregistrer cette baisse **de valeur**.

Louis dessine les deux comptes qui devraient, selon lui, être mouvementés :

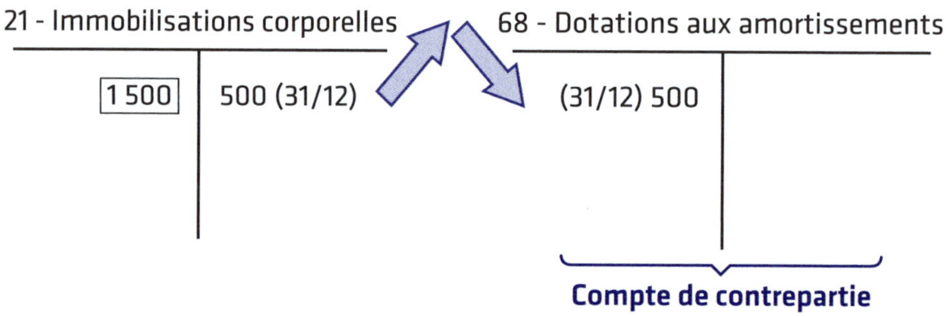

— Ce n'est pas tout à fait ainsi que l'écriture d'inventaire est passée, corrige Estelle.

— Ça aurait été trop simple…

— En effet, on DÉDOUBLE le compte 21 et le nouveau compte s'appelle « AMORTISSEMENTS des immobilisations corporelles ». Pour son numéro, on glisse un 8 en seconde position : on a donc le compte 281. Et, dans les charges, le numéro de compte plus précis a également un 8 en seconde position puisqu'il porte le numéro 681. L'écriture d'inventaire est dès lors la suivante :

281 - Amortissements des immobilisations corporelles	
	500 (31/12)

681 - Dotations aux amortissements	
(31/12) 500	

Compte de contrepartie

— Cette présentation permet de **conserver le prix d'acquisition** de l'immobilisation (1 500 euros) dans le compte 21, précise Estelle. Et le compte 281, qui a des entrées à droite, devrait figurer au Passif. Mais pour tenir compte de sa nature économique (= baisse de valeur de la photocopieuse), l'amortissement va apparaître à l'Actif **avec un signe moins**. Cette présentation permet :

- de mettre côte à côte le prix d'achat et l'amortissement ;
- d'obtenir – par différence – la valeur d'occasion qui s'appelle, en comptabilité, la « **valeur nette** ».

— Peux-tu me montrer comment se présente cet amortissement au Bilan et dans le Compte de Résultat ? demande Louis.

— Bien sûr. Voici l'impact de l'enregistrement de cette **perte certaine** de 500 euros dans les états financiers :

BILAN au 31/12/N

Actif	Valeur brute[1]	Amortissements	Valeur nette[2]	Passif
21 – Immobilisations corporelles	1 500	(– 500)	1 000	

(1) Prix d'acquisition (2) Valeur d'occasion

COMPTE DE RÉSULTAT Exercice N

CHARGES D'EXPLOITATION 681 – Dotations aux amortissements : 500	

— Dernière précision, continue Estelle : chaque année, pendant trois ans, un amortissement de 500 euros sera passé dans les charges. En revanche, dans le Bilan, les amortissements seront **cumulés** car la valeur d'occasion à la fin de chaque exercice est calculée en partant du prix d'acquisition.

2.2 Charges probables : dépréciations et dettes

— Dans le calcul du résultat d'un exercice, l'entreprise n'est pas symétrique dans son raisonnement pour les charges et pour les produits puisque le principe de prudence l'oblige à n'anticiper que les charges **probables**, explique Estelle.

— Le résultat est donc « pessimiste », constate Louis.

— Exactement. Il est prudent ! D'où le nom : principe de prudence. Je poursuis.

Parmi ces charges probables figurent les baisses de valeur d'actif, appelées « **dépréciations** ». Prenons l'exemple d'une vente de longboards au club Gymtonic réalisée le 15 novembre pour 3 000 euros. Gymtonic a acheté à crédit, avec un délai de paiement d'un mois. Le 15 décembre, Gymtonic ne règle pas son achat. Surf appelle son client qui lui explique qu'il a de gros problèmes de trésorerie car la fréquentation du club a beaucoup diminué. Lors de l'inventaire, le service comptable de Surf – alerté par ce retard de paiement – va se renseigner sur la situation financière de Gymtonic (= information extra-comptable). Cette situation n'étant pas brillante, Surf estime qu'elle ne pourra récupérer qu'un tiers de sa créance ; la perte probable estimée au 31 décembre N s'élève donc à 2 000 euros.

Le principe de prudence oblige Surf à comptabiliser une perte probable de 2 000 euros. Sa créance sur Gymtonic ne doit être retenue que pour 1 000 euros. Le mécanisme comptable qui permet d'enregistrer cette perte probable ressemble à celui utilisé pour les amortissements.

— Les comptes qui pourraient jouer lors de l'enregistrement de l'information extra-comptable seraient une sortie du compte Clients pour 2 000 euros mouvementé à droite, avec un compte de contrepartie mouvementé à gauche, propose Louis.

Louis dessine alors les 2 comptes :

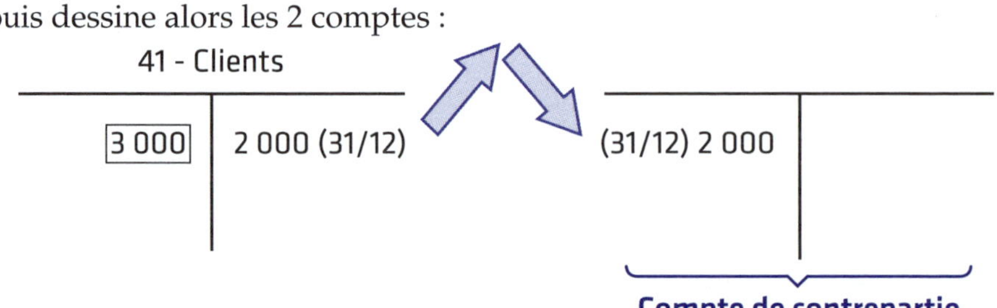

— Le solde du compte Clients est donc bien tombé à 1 000 euros, conclut Louis assez satisfait de lui. Mais quel peut bien être le compte de contrepartie, qui est un compte de gestion puisque le compte Clients est un compte de situation ?

— Le compte de contrepartie jouant à gauche, c'est un compte de charges. C'est le même compte à trois chiffres que pour les amortissements car le compte 681 se nomme de façon plus précise : « **dotations aux amortissements et aux dépréciations** ».

Après l'écriture d'inventaire, l'Actif de Surf a baissé de 2 000 euros et les charges ont augmenté de 2 000 euros. La perte de créance a été **anticipée** : elle ne sera constatée que lors du paiement effectué par Gymtonic. Le résultat pour l'année N – toute chose étant égale par ailleurs – a donc baissé de 2 000 euros du fait du respect du principe de prudence. Mais revenons à l'écriture comptable telle qu'elle doit être passée, car la tienne est à revoir, poursuit Estelle. Comme pour l'amortissement, on DÉDOUBLE le compte d'Actif à déprécier – ici le compte 41 – en faisant jouer un compte « DÉPRÉCIATION des comptes Clients ». Ce compte porte un numéro avec le chiffre 9 glissé en seconde position, ce qui donne le numéro 491. L'écriture d'inventaire est dès lors la suivante :

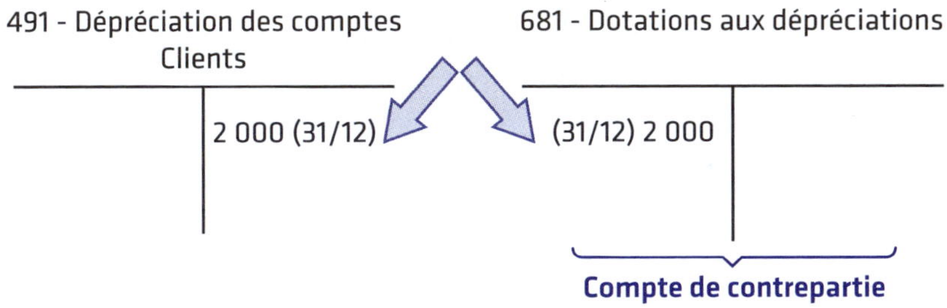

Cette présentation permet, comme pour les amortissements, de conserver la valeur initiale de la créance et de mentionner à l'Actif trois colonnes :

- dans la première colonne : la valeur initiale (appelée « valeur brute ») de la créance ;
- dans la deuxième colonne : la dépréciation **avec un signe moins**. En effet, la dépréciation a été enregistrée à droite du compte 491 : elle devrait donc être inscrite au Passif ; comme elle est inscrite à l'Actif, elle prend un signe moins ;
- dans la troisième colonne : la valeur dépréciée (appelée « valeur nette »), obtenue par différence entre la valeur brute et la dépréciation.

— Peux-tu me montrer comment se présente cette dépréciation au Bilan et dans le Compte de Résultat ? demande Louis.

— Oui, bien sûr. Voilà l'enregistrement de cette **perte probable** de 2 000 euros dans les états financiers :

BILAN au 31/12/N

Actif	Valeur brute	Dépréciations	Valeur nette	Passif
41 - Créances clients	3 000	(- 2 000)	1 000	

COMPTE DE RÉSULTAT - Exercice N

CHARGES D'EXPLOITATION 681 - Dotations aux dépréciations : 2 000	

— Et qu'appelle-t-on « provisions » ? s'interroge Louis.

— Les provisions sont des comptes de Passif, donc des comptes de dettes.

— Jusque-là, rien de bien neuf !

— Mais nous sommes dans les opérations d'inventaire avec le principe de prudence, qui oblige à anticiper les mauvaises nouvelles… rappelle Estelle. Les provisions sont des « **dettes probables** » : comme leur caractère de dette « certaine » n'est pas avéré, elles sont situées entre les Capitaux Propres et les « vraies » dettes.

— Je ne suis pas sûr de comprendre, bredouille Louis. Peux-tu me donner un exemple ?

— Supposons que Surf ait un litige avec un salarié et qu'un procès soit en cours (information extra-comptable). Elle doit évaluer s'il est probable qu'elle perde le procès et, si oui, elle doit faire une estimation du montant auquel elle pourrait être condamnée. L'écriture d'inventaire sera donc une inscription de ce montant à droite d'un compte de dette (appelé « **provisions pour risques et charges** »), et à gauche d'un compte de gestion (donc un compte de charges) qui est toujours le compte 681, dont le nom complet est « **dotations aux amortissements, aux dépréciations et aux provisions** ».

— Terminons les écritures d'inventaire par la régularisation des comptes de gestion, conclut Estelle.

3. Régularisation des charges et des produits

— L'autre principe comptable très important est **le principe d'indépendance des exercices**, reprend Estelle. Il impose que le RÉSULTAT d'un exercice comprenne :

–**tous** les produits de l'exercice et **ceux-là seulement** ;

–**toutes** les charges de l'exercice et **celles-là seulement**.

— Et alors ? Cela me paraît évident ! s'exclame Louis.

— Oui, c'est évident pour bien refléter la réalité économique. Mais les flux de cash – qui ont engendré des comptes explicatifs de charges et de produits tout au long de l'année qui se termine – peuvent se retrouver à cheval sur deux exercices.

— À cheval sur deux exercices ? Qu'est-ce que ça signifie ?

— Prenons l'exemple de Surf qui paie son loyer trimestriellement et dont le dernier trimestre réglé couvre novembre et décembre de l'exercice N et janvier de l'exercice (N+1). Le loyer trimestriel de 12 000 euros, décaissé le 30 octobre, est enregistré ainsi dans les comptes de l'exercice N :

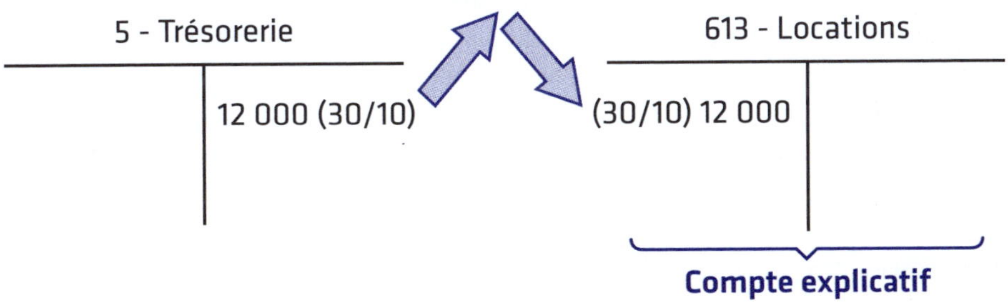

— Sur ces 12 000 euros, Louis, combien correspondent à une charge de l'exercice N ?

— Le loyer de novembre et de décembre, bien sûr.

— Exact ! Donc la charge de l'exercice en cours ne s'élève qu'à 8 000 euros. Une remarque cependant, Louis : pour le trimestre précédent (août-septembre-octobre), il n'y a pas de régularisation car les 12 000 euros payés le 30 juillet couvrent une période incluse dans l'exercice. **Seul le loyer qui couvre une période à cheval sur deux exercices pose un problème quant à la réalité de la charge de loyer supportée par l'exercice N.**

L'information extra-comptable est la recherche du bail et le constat qu'il faut alléger les charges de l'exercice N de 4 000 euros. Un compte de charges ayant des entrées à gauche, Louis, comment vas-tu l'alléger ?

— En faisant jouer la colonne des « sorties », à droite, affirme Louis certain de sa réponse.

— C'est exact. Et comme les écritures d'inventaire doivent respecter la règle de la partie double, tu dois faire jouer un autre compte à gauche (= compte de contrepartie) :

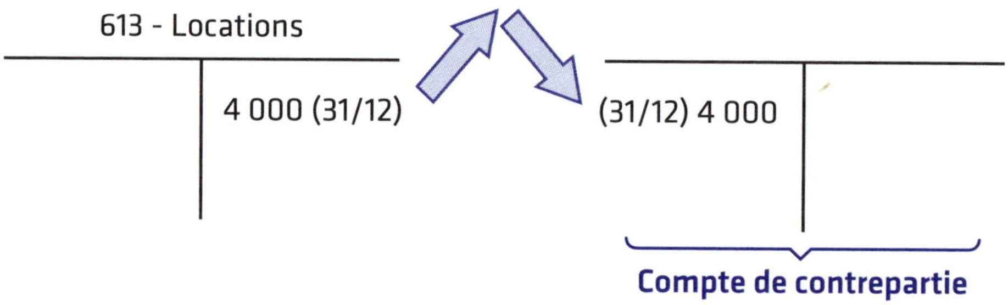

— Mais quel peut-être le nom de ce compte de contrepartie qui vient d'être créé ? s'interroge Louis.

— Tout d'abord, Louis, remarque que c'est la première fois que tu **commences** par faire jouer un **compte de gestion**. Mais tu ne peux pas faire autrement car le point de départ de ton raisonnement est le compte de gestion lui-même (ici le compte 613 - Locations). Le compte de contrepartie doit alors être un compte de situation **car une écriture d'inventaire fait toujours jouer un compte de situation ET un compte de gestion**. C'est donc une particularité de la règle « situation-gestion », qui n'existe que lors de la régularisation des charges et des produits : on commence par faire jouer un compte de gestion **puis on « équilibre » l'opération à l'aide d'un compte de situation**.

— Je ne peux effectivement pas faire autrement puisque je cherche à **ajuster** soit le montant d'**une charge**, soit le montant d'**un produit**, pour refléter la réalité économique…

— C'est exactement ce que je viens de dire, renchérit Estelle. Et pour savoir si le compte de contrepartie est un compte d'Actif ou de Passif, tu regardes si le compte de situation a joué à gauche ou à droite. Si le compte de contrepartie a joué :

- à gauche, c'est un compte d'Actif ;
- à droite, c'est un compte de Passif.

— La baisse du loyer a donc fait jouer un compte d'Actif, répond fièrement Louis.

— Bravo Louis ! Et à l'Actif, tu trouves les créances ou les dettes ?

— Poussons plus loin le raisonnement pour comprendre la réalité économique de cette écriture, poursuit Estelle.

— C'est vrai que la comptabilité doit toujours refléter la réalité économique, confirme Louis qui a tout à fait intégrer cet impératif.

— Il s'agit bien ici d'une créance, mais d'un type très particulier qui n'intervient qu'à l'inventaire. Le compte d'Actif enregistre **une créance de l'année qui se termine sur l'année qui s'ouvre**. En effet, l'exercice N a payé 4 000 euros d'avance pour le compte de l'exercice (N+1) ; il s'agit donc d'une **créance dans le temps**. Le compte d'Actif étant engendré par une charge trop comptabilisée, il s'appelle « **charges comptabilisées d'avance** ».

— Pour bien comprendre, ajoute Louis, je vais reprendre l'écriture d'inventaire avec le bon nom et le bon numéro pour le compte de contrepartie :

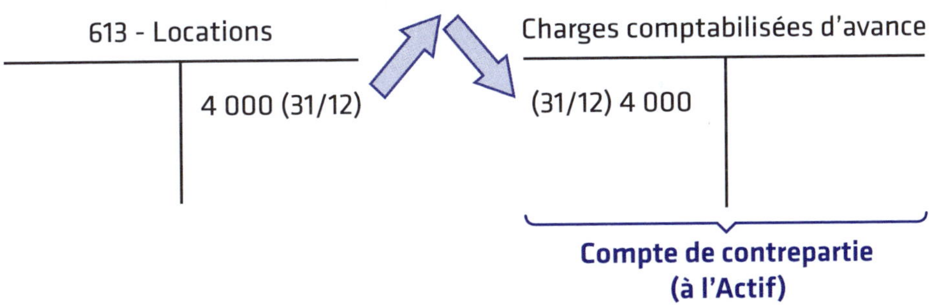

— Dans quel autre cas doit-on régulariser les charges pour les faire coller à la réalité ? demande Estelle.

— Eh bien, s'il n'y en a **pas assez** dans les comptes AVANT inventaire !

— Exactement ! Surf ne régularise ses charges que **lorsqu'elle en a trop ou pas assez comptabilisées au regard de la réalité économique**. Si elle a « juste » comptabilisé – ce serait le cas si le dernier loyer trimestriel payé coïncidait avec les mois d'octobre, novembre et décembre – elle ne ferait aucune régularisation.

— Bien sûr, si rien n'est à cheval sur deux exercices, Surf ne touche à rien, renchérit Louis.

— Et pour les produits, c'est la même chose. Surf régularise lorsqu'elle a, dans les comptes avant inventaire, TROP comptabilisé ou PAS ASSEZ comptabilisé de produits au regard de la réalité économique, continue Estelle.

— Peux-tu me réexpliquer le raisonnement précis ? demande Louis.

— Pour régulariser une charge ou un produit :

- quand Surf a TROP comptabilisé (elle a « comptabilisé d'avance »), elle fait jouer la colonne des SORTIES de ses comptes de gestion ;
- quand Surf n'a pas ASSEZ comptabilisé (elle a donc « à comptabiliser »), elle fait jouer la colonne des ENTRÉES de ses comptes de gestion.

Elle applique ensuite la règle de la partie double pour le **compte de contrepartie**, qui – dans ce cas – peut aussi être appelé « compte de régularisation » ; ce dernier est obligatoirement, je te le rappelle, un **compte de situation** :

- s'il est mouvementé à GAUCHE, ce sera un compte d'ACTIF ;
- s'il est mouvementé à DROITE, ce sera un compte de PASSIF.

On s'appuie ensuite sur la logique des comptes d'Actif (= créances) et des comptes de Passif (= dettes) :

- un compte d'Actif est une CRÉANCE de l'année N qui se termine sur l'année (N+1) qui s'ouvre ;
- un compte de Passif est une DETTE de l'année N qui se termine sur l'année (N+1) qui s'ouvre.

Reprenons l'exemple du loyer trimestriel de Surf qui couvre novembre et décembre de l'exercice N et janvier de l'exercice (N+1). Faisons deux hypothèses : soit elle paye en début de terme, soit elle paye en fin de terme.

— Nous avons déjà vu la première hypothèse, constate Louis.

— Exact Louis, je vois que tu suis ma démonstration ! Dans la seconde hypothèse, Surf paye en fin de terme, donc le 31 janvier (N+1) : la sortie de 12 000 euros n'aura lieu qu'en (N+1). Dans les comptes de l'exercice N, il n'y a **pas eu de flux de cash** lié à ce loyer ; rien n'est donc enregistré, dans les charges AVANT inventaire, pour le loyer de novembre et décembre de l'exercice N. C'est la lecture du bail qui sera l'élément déclencheur de l'écriture de régularisation, qui doit permettre d'augmenter les charges de l'exercice N de deux mois de loyer, soit 8 000 euros.

— Je vais donc faire jouer le compte de charges en entrées, à gauche. La contrepartie sera enregistrée dans un compte à droite, donc un compte de Passif ! s'exclame Louis.

— Parfait. Et puisqu'il n'y a pas assez de charges, ce compte s'appelle « **charges à comptabiliser** ».

— L'écriture sera alors la suivante, poursuit Louis :

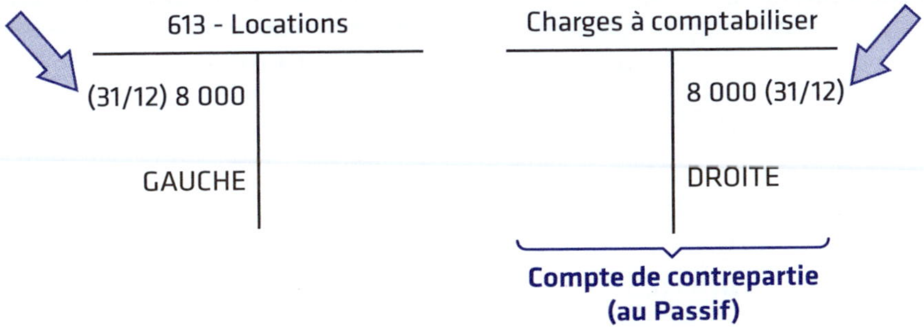

— Réfléchissons toujours à la réalité économique décrite dans les comptes. L'exercice N n'a pas enregistré les deux mois de loyer le concernant ; ils seront payés par l'exercice (N+1). Il est donc logique que le compte de régularisation, au 31 décembre de l'exercice N, soit un compte de Passif ; il s'agit bien d'**une dette de l'exercice N qui se termine sur l'exercice (N+1) qui s'ouvre**.

— Je comprends maintenant pourquoi tu me dis que les écritures d'inventaire permettent d'**ajuster le** RÉSULTAT **à la réalité économique**. Ces ajustements sont nécessaires quand les flux de cash sont décalés par rapport à la consommation du facteur de production concerné. Dans notre exemple, il convient d'imputer le « bon » loyer à la « bonne » période ; et on peut appliquer le même raisonnement aux produits.

— Exactement. Je laisse au lecteur le soin de revoir la régularisation des charges pour qu'il applique ensuite le même raisonnement aux produits. Je vais l'aider en faisant un tableau sur les 4 cas de régularisation possibles (appelés A, B, C et D), dans lequel les 2 comptes qui jouent en partie double sont **l'un au-dessus de l'autre**, pour avoir les comptes de charges et les comptes de produits sur la même ligne. Il suffit de comprendre si, économiquement, les charges et les produits de l'exercice qui se termine ont besoin d'être diminués (il y en a TROP : cas A et B) ou augmentés (il n'y en a PAS ASSEZ : cas C et D).

Quand il y en a TROP :

- le compte de gestion doit jouer en SORTIE ;
- le nom du compte de situation (= Compte de régularisation) se terminera par « COMPTABILISÉS D'AVANCE ».

Quand il n'y en a PAS ASSEZ :

- le compte de gestion doit jouer en ENTRÉE ;
- le nom du compte de situation (= Compte de régularisation) se terminera par « À COMPTABILISER ».

Enfin, le compte de régularisation a un nom qui commence par « charges » s'il permet d'ajuster une charge et par « produits » s'il permet d'ajuster un produit.

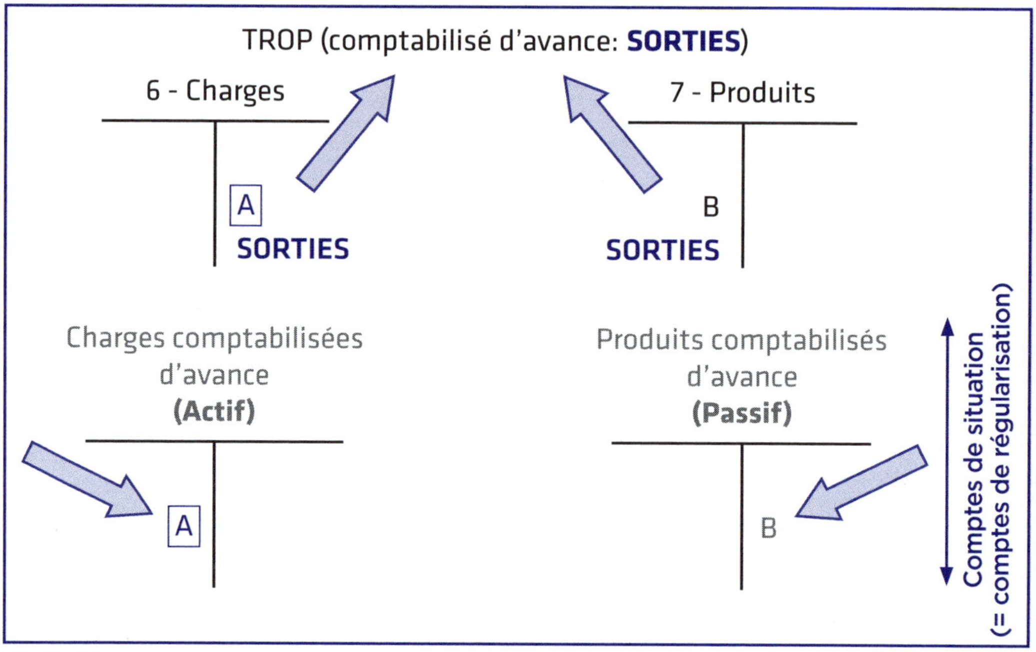

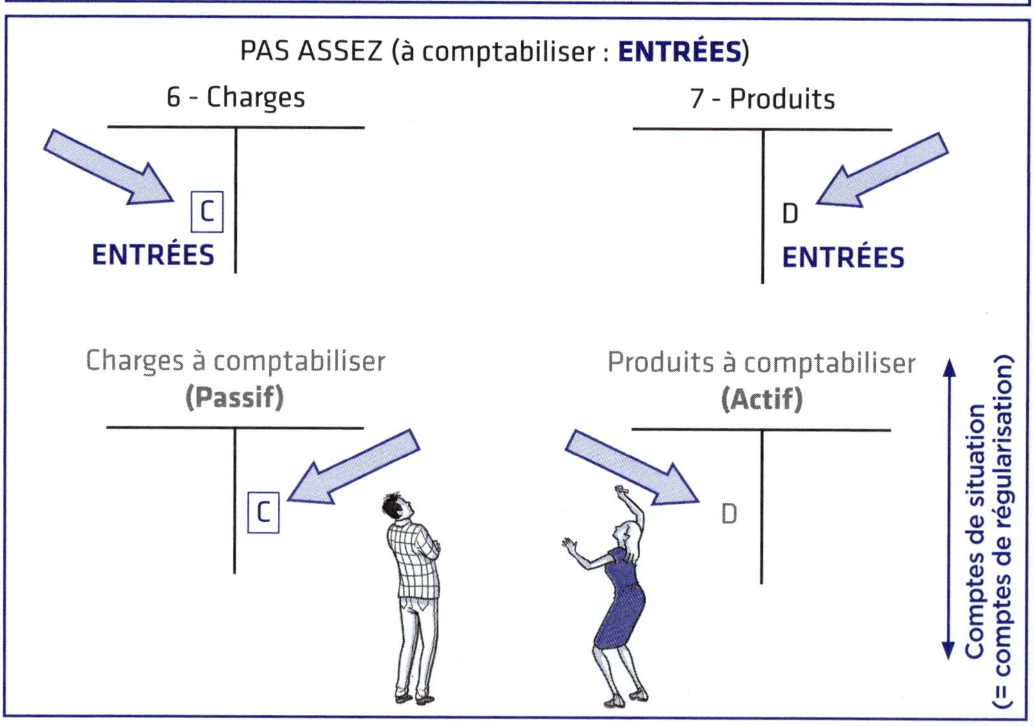

Dernière remarque d'Estelle : Dans le plan de comptes, pour les comptes de régularisation, on ne dit pas « **comptabilisés d'avance** », mais « CONSTATÉS d'avance » (cas A et B).

Et on ne dit pas « **à comptabiliser** » mais « À PAYER » (cas C) pour les charges et « À RECEVOIR » (cas D) pour les produits.

Conclusion

- Les opérations d'inventaire sont liées au découpage de la vie de l'entreprise en période de douze mois (appelée « exercice ») et à la nécessité de calculer le RÉSULTAT de cette période. Pour ajuster le résultat de l'exercice à la réalité économique, l'entreprise doit respecter **deux principes comptables fondamentaux.**
- **Le principe de prudence**, qui conduit à anticiper les pertes liées à :
  - des baisses d'actif **probables** = dépréciations ;
  - des risques de charges **probables** = provisions.

  Le résultat comptable est donc **un résultat pessimiste.**
- **Le principe d'indépendance des exercices**, qui permet de corriger les décalages entre les flux de cash et la réalité des charges et des produits :
  - la colonne SORTIES des comptes de gestion joue quand il y a TROP de charges ou de produits dans les comptes AVANT inventaire ;
  - la colonne ENTRÉES des comptes de gestion joue quand il n'y a PAS ASSEZ de charges et de produits dans les comptes AVANT inventaire.

85642 - (II) - SOP 90 - 2738 U - NOC - MPN
Dépôt légal : Octobre 2023
Suite de tirage : septembre 2024
N° 2993428R
DUPLIPRINT
733, rue Saint-Léonard, 53100 MAYENNE
Imprimé en France